Chat GPT× 教師の仕事

南部久貴 著

JN041566

明治図書

▶ はじめに ◀

2022年11月末に OpenAI 社より公開された ChatGPT。この ChatGPT の登場により，今，世界は大きく変わろうとしています。

ChatGPT とは，人間の話す言葉でコンピュータと会話をすることを可能にした人工知能（AI）です。この AI は，普段私たちが話している言葉を処理して，文章を生成することに長けているため，「生成 AI」と呼ばれています。この生成 AI は，会話をしたり，文章を書いたり，要約したり，翻訳したりと様々なタスクをこなすことが可能です。また，その精度も高く，これまで「AI にはできない」と考えられていた課題も，易々と解決することができます。この技術は，ビジネスや研究など，様々な分野で活用され始め，影響力を増しています。

もちろん，教育現場も例外ではありません。2023年7月には，文部科学省が『初等中等教育段階における生成 AI の利用に関する暫定的なガイドライン』を公開しており，一部の学校では，授業で ChatGPT などの生成 AI の活用がすでに始まっています。

生成 AI は，これまで教育の世界で当たり前だったものを根本的に変えつつあります。2023年1月に世界的起業家であるイーロン・マスク氏は「It's a new world. Goodbye, homework!（新しい世界だ。さらば，宿題よ！）」と X（旧 Twitter）上に投稿をしています。これは従来の宿題がもう通用しなくなったことを揶揄しています。たしかに，生徒に課している宿題は，ChatGPT を使えば一瞬で終わらせられるものも少なくありません。私たちは，これまでの教育の在り方を再考しなければならない転換点にいるのです。

そんな生成 AI と教育の上手な付き合い方を考える上で，なにより重要なのが，まず教師が使ってみることだと私は考えています。私自身，2022年11月のリリース直後から使用を開始し，インターネット上で活用方法について様々な校種の先生と情報を共有していく中で，ようやく ChatGPT の強みと

弱みが把握できるようになってきました。

　このような経験から，本書では，教師の仕事における ChatGPT の活用方法に絞って，アイディアを紹介していきます。「生徒に使わせる前に，まずは教師が活用してみよう」というのがこの本のテーマです。

　本書では，第1章で ChatGPT の基本知識や使い方を紹介します。第2章では，いわゆる「思考の壁打ち」と言われる思考を整理する方法を，従来の思考ツールと合わせて解説します。さらに，第3章では，授業計画においてどのように ChatGPT が活用できるか，学習指導案を ChatGPT に書かせることができるかを検討します。第4章では，ワークシート作成において，どのように ChatGPT が活用できるかについて具体的な方法を提案します。第5章では，アンケート結果の分析や文書作成などの校務で活用するアイディアを紹介します。第6章では，新たに追加されたプラグイン機能に触れます。第7章では，文部科学省のガイドラインを参照しながら，AIと教師が協働する新しい時代の教師の在り方について述べていきます。

　本書を通じて，教育に携わる皆様が ChatGPT の活用方法について，具体的なイメージを掴み，日々の教育の質向上や業務の効率化を実現する一助となることを願っています。また，教師が実際に最先端のテクノロジーを使っていくことで，これからの教育がより時代に適応したものとなることを期待しています。

南部　久貴

目次

第１章　ChatGPT の基本

第２章　ChatGPT は最先端の思考ツール

第3章　授業計画で活用するアイディア

第4章　ワークシート作成で活用するアイディア

第5章　校務で活用するアイディア

第6章　プラグイン機能を使ってみよう

第7章　教師は生成 AI とどう向き合うか

＊本書の内容は，2023年 7 月時点の情報をもとに構成しています。
　本書の発行後に各種サービスやソフトウェアの機能，画面などが
　変更される可能性があります。ご了承下さい。

▶ 本書掲載のプロンプトについて ◀

　本書では，ChatGPT の活用方法をプロンプト（ChatGPT への指示文）とともに紹介しています。各プロンプトには，QR コードを付けています。スマートフォンで読み取っていただきますと，お手元のスマートフォン上で該当するプロンプトを用いた ChatGPT とのやり取りをご覧いただくことができます。また，Continue this conversation ボタンをクリックいただくと，ご自身のアカウントで会話を続けることも可能です。ぜひご活用ください。

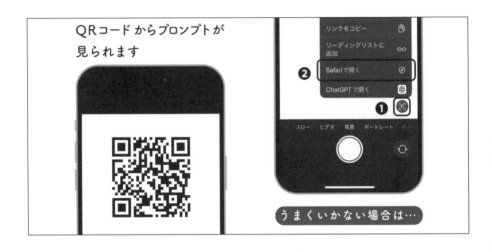

　この QR コードは，ChatGPT の『Shared Link』（共有リンク）機能を用いています。本機能の仕様変更等により，QR コードがうまく動作しない可能性もございます。あらかじめご了承ください。

第 1 章

ChatGPT の基本

☑ChatGPT とは
☑ChatGPT が得意なこと・不得意なこと
☑ChatGPT の安全性とプライバシー
☑保護者に利用許諾を取る
☑実際に使ってみよう
☑プロンプトの工夫次第で可能性が広がる
☑ChatGPT の出力内容を確認する　etc…

ChatGPT とは

■ 世界中で使用されている ChatGPT

　ChatGPT はリリースされると１週間で全世界のユーザー数が100万人を超え，２ヶ月後の2023年１月には，月間アクティブユーザー数１億人を記録しています。これは Facebook や Instagram よりも速く，史上最速の記録です。日本国内においても，その人気はインターネット上に留まらず，国会で議員が ChatGPT で作成した質問を総理大臣に投げかけたり，自治体や企業が ChatGPT を導入したりといったニュースがテレビや新聞などで大きく報じられました。

　ChatGPT とは，2022年11月に OpenAI 社からリリースされた対話型 AI です。「対話型」と言われるように，普段話している言葉で，AI とチャットすることができます。この他にも ChatGPT は，文章を生成することが得意であることから，文章生成 AI と呼ばれることもあります。また，インターネット上にある膨大な文章を学習しているため，大規模言語モデルと表記されることもあります。

■ 実は以前からあった「GPT」

　実は，ChatGPT の発表以前から，GPT や GPT- 2，GPT- 3といった先代の大規模言語モデルは存在していました。特に GPT- 3は2020年にリリースされており，人間が書いた文章と見分けがつかないと当時から話題になっていました。一方で，プログラミングができないとこの GPT- 3へアクセスできなかったことから，世間一般に認知されるまでには至りませんでした。そ

の後，GPT-3をベースに開発されたChatGPTでは，プログラミングを必要とせず，誰もが無料でチャットという形で利用できるようにしたため，一気に世間一般に認知されるまでになりました。

■ ChatGPTには無料版と有料版がある

ChatGPTは基本的に無料で使用することができます。一方で，OpenAI社は有料サブスクリプション版のChatGPT Plus（月額20ドル）のサービスも提供しています。加入者には次のような利点があります。

有料版ChatGPT Plusの利点
▶ピーク時のアクセス優先
▶レスポンス時間の短縮
▶新機能への優先アクセス

2023年3月には最新モデルであるGPT-4が公開され，ChatGPT Plus加入者のみ，このGPT-4を使用することができます。GPT-4はより正確な情報提供や，自然な対話を実現しています。その性能は，アメリカの司法試験で上位10%の成績で合格できるほどだと発表されています。さらに今後，GPT-4は次のような機能が使えるようになるとされています。

GPT-4でできるようになること
▶マルチモーダル対応（画像入力に対応）
▶より長い文章を扱えるように

OpenAI社がGPT-4の発表で行ったデモンストレーションでは，メモ帳に書いたラフスケッチを写真に撮るだけで，ChatGPTがコードを書いて，Webページを作成してみせました。このように，ChatGPTは日々進化し続け，できることが増えています。

ChatGPT が得意なこと・
不得意なこと

ChatGPT の仕組み

　大規模言語モデルである ChatGPT は，膨大な学習データを元に，入力された文章から，確率的にそれに続く文章を生成するように設計されています。そのため，与えられた文脈に基づいて，自然な文章を生成し，応答や続きの文章を生成することができるのです。この仕組みに加えて，ある程度ランダムに語彙を選ぶ設定があるため，実際に人と話しているかのような文章を生成することができます。

ChatGPT が得意なこと

　このような仕組みから，なんでもできると思われがちな ChatGPT にも，得意なことと不得意なことがあります。

ChatGPT が得意なこと
▶文章の生成　※ただし，真偽の確認は必要
▶文章の添削
▶翻訳
▶思考の壁打ち

　まず，得意なこととしては，真偽を問わない文章の生成，文章の添削，文章の翻訳などが挙げられます。また，最近注目されているのが，自分の考えを ChatGPT とのやり取りを通して洗練させていく「思考の壁打ち」と言わ

れる使い方です。皆さんは同僚と話をすることで，論点が整理されたり，新しい解決策が生まれたりした経験はありませんか。これと同じ作業をChatGPTでも行うことができます。ChatGPTをうまく活用することによって，自分の思考を練り上げていくことが可能なのです。この方法については，第2章で詳しく紹介します。

■ ChatGPT が不得意なこと

一方で，ChatGPTには不得意なこともあります。

ChatGPT が不得意なこと
▶計算
▶最新の情報を出す
▶情報の検索

例えば，意外と思われるかもしれませんが，ChatGPTは語数の計算ができません。ChatGPTの仕組み上，単純な計算であっても，誤った出力をすることが多いのです。また，ChatGPTの学習には2021年までのデータが使用されているため，それ以降の情報はもっていません。そのため，最新の情報を得ることには向いていません。さらに，あくまでも確率的に次に続く単語を選択しているという仕組みのため，誤った情報を出すことも多いです。このように，誤った情報をあたかも本当の情報かのように出すことを幻覚という意味の言葉で，ハルシネーションと言います。

以上のことから，情報の検索においては，これまで通りGoogle検索などのツールに頼るべきでしょう。また，出力された文章を複数の情報源で照らし合わせるなどのチェックも不可欠です。ついつい，万能なAIと思ってしまいがちなChatGPTですが，適材適所で使用するツールを見極める必要があります。

ChatGPT の安全性と
プライバシー

ChatGPT は人を傷つけるおそれがある

　ChatGPT を使用する際に注意しなければならないことがあります。それは，安全性とプライバシーの問題です。ChatGPT はネット上にある情報をもとに学習をしています。そのため，どうしても学習元のデータに偏りがあります。この偏りが原因で，不正確な情報を出力したり，出力が一部の人々を傷つけたりするおそれがあります。

　不正確な情報を出力するということについては，多くの人がすでに体験しているかもしれません。一方で，出力が人を傷つけるという点についてはあまり言及されていません。しかし，学校で使用していく際には，このリスクも押さえておかなければなりません。

　具体的には，性別，人種，宗教といった多様性の部分で，差別的な出力がされることがあります。そのため，利用する際には，その出力が偏っていないか，確認することも必要です。特に，学校で使用するという場合には，さらに一層注意を払う必要があります。例えば，教室で ChatGPT の出力をスクリーンに映して共有する場合，偏った情報が表示され，一部の生徒が傷つくことがあるため，注意しながら使用していくことが必要です。

ChatGPT はプライバシーの問題にも注意が必要

　さらに，プライバシーの問題も気をつけなければなりません。ChatGPT は基本的に，あなたが入力した情報（プロンプト）を，自分自身を賢くするために利用します。以前にはプロンプトに入力した内容が他者から見られる

ようになっていたといった問題も実際に起きています。このように情報漏洩等のトラブルがあった際には，入力した内容が外部へ流出してしまいます。そのため，プロンプトに入力する内容には，個人を特定できる内容を入力しない，機密情報を入力しないことが大切です。

ChatGPT を信頼しすぎない

ChatGPT の安全性とプライバシーに関わる問題点
▶不正確な情報を出力するおそれがある
▶差別的な情報を出力するおそれがある
▶情報漏洩のリスクがある

ChatGPT に限ったことではないのですが，これらの問題に対処するためには，いま一度，生徒だけでなく，教員も含めてインターネット上の情報を正しく理解し，適切に判断・運用するネットリテラシーやセキュリティー意識の向上を図っていくべきでしょう。

ChatGPT は非常に役立つツールであるため，ついつい信頼しがちです。しかし，「間違ったことを言ったり，失敗したりすることもある AI」と捉えて，信頼しすぎない接し方がちょうど良いでしょう。こういった捉え方のもと，複数の情報源と照らし合わせて情報の真偽を確認する，出力内容に対して批判的に見る，個人情報や機密情報を入力しないということを常に意識して使用していきましょう。

教師が生徒に対して適切な使用をしている姿を見せることも大切でしょう。教室で使用する際には，「この ChatGPT の出力の間違っている部分を探してみよう」「この ChatGPT の情報に関して本ではどう書いてあるかな？」「この ChatGPT の出力に対して，あなたの意見は？」などの声かけをして，安全に ChatGPT を学習に活用できるようにしていきたいですね。

保護者に利用許諾を取る

生徒の利用には保護者の承諾が必要

　OpenAI 社の利用規約（2023年 3 月14日更新）には，「登録とアクセス」の項に「本サービスを利用するには，13歳以上である必要があります。お客様が18歳未満の場合，本サービスを利用するには，お客様の親または法定後見人の許可を得なければなりません」という記載があります。

　教師が ChatGPT を利用する分には問題ないのですが，生徒がアカウントを作成して，ChatGPT を利用する場合には，保護者の承諾を得ることが求められています。そのため，実際に生徒に使用させる場合は，文書を配布し，署名をいただくなどの準備が必要です。この文書には，以下の内容を記載しておくと良いでしょう。

保護者宛文書に記載すべき内容
▶ ChatGPT を使用する利点
▶ ChatGPT を使用する際の課題
▶その課題に対する学校の対応

　右ページには，これらの内容を盛り込んだ保護者宛文書の例を掲載しています。校内での「たたき台」としてご活用いただければと思います。また，利用規約（https://openai.com/policies/terms-of-use）は随時更新されています。常に最新の情報をご確認ください。

保護者等の皆様へ

ChatGPT の利用について（お願い）

［文頭の挨拶］

　さて，本校では，授業において，対話型 AI ChatGPT の活用を検討しております。ChatGPT を提供する OpenAI 社の利用規約には，18歳未満が使用する場合は，保護者等の皆様からの同意が必要とされています。つきましては，生徒の ChatGPT の利用について，保護者等の皆様からの承諾を得たいと考えております。

　下記の利点，懸念点とその対応を踏まえまして，生徒の ChatGPT の利用について，保護者等の皆様から承諾をいただける場合は，署名いただき，生徒を通じて担任までご提出ください。また，ご不明な点やご質問がございましたら，いつでもお気軽にお問い合わせください。

記

【利　点】
・学習活動の充実
ChatGPT は，複数のアイディアを提案することができます。これらのアイディアをもとに考えていくことで，学習活動の充実が期待されます。

・自主学習の促進
ChatGPT は，生徒が単独で解決するのが難しい問題についてもサポートが可能です。これにより，生徒の自立した学習を促進することが期待されます。

【懸念点とその対応】
・情報の正確性について
ChatGPT が誤った情報を出力するおそれがあります。この問題については，生徒に対して複数の情報源から情報の真偽を確認することを指導します。また，教師も生徒の利用状況を定期的に確認し，誤った情報が提供された場合は，速やかに訂正と説明を行います。

・生徒のプライバシーについて
ChatGPT へ個人情報を送信することにより，生徒の個人情報が流出するおそれがあります。この問題については，他のアプリケーションと同様に，個人情報を入力・送信しないことを継続的に指導していきます。

○○学校長

ChatGPT の利用承諾書

　ChatGPT の利用について，承諾いたします。

年　組　番　　生徒氏名記入欄　保護者氏名記入欄

実際に使ってみよう

■ STEP 1：ChatGPT のサイトへアクセス

　はじめに，OpenAI アカウントを作成する必要があります。まず以下のサイトへアクセスしてください。その後，$\boxed{\text{Try ChatGPT}}$ のボタンをクリックし，$\boxed{\text{Sign up}}$（登録）をクリックしましょう。

Introducing ChatGPT
https://openai.com/blog/chatgpt

■ STEP 2：メールアドレスまたは Google ／ Microsoft アカウントで登録

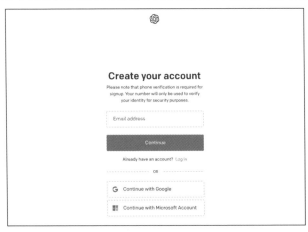

　「Create your account」のページが表示され，メールアドレスを入力する

か，Google や Microsoft アカウントを使って登録するかを選択することができます。

　学校などで Google や Microsoft アカウントが割り当てられている場合，これらのアカウントを使用することで STEP：3 ～ STEP：6までを省略することができ，若干登録作業が簡単になります。

　私の場合は，職場から割り当てられているアカウントでは，登録がうまくいかなかったため，個人の Google アカウントを使って登録しました。

■ STEP 3：確認メールをチェック（メールアドレスで登録の場合のみ）

　メールアドレスで登録を行う場合，入力後，Continue をクリックし，続けてパスワードを設定します。その後，以下のような「Verify your email」（メール認証）のページが表示されます。

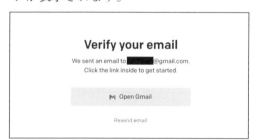

　メールを確認すると，OpenAI 社から次のようなメールが届いているので，Verify email address のボタンをクリックしましょう。

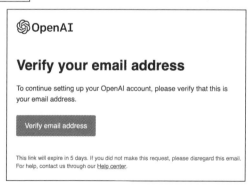

■ STEP 4：アカウント情報を入力（メールアドレスで登録の場合のみ）

次に「Tell us about you」（あなたの情報を入力してください）のページが表示されるので，入力をしていきましょう。「Organization name（組織名）」は入力しなくても結構です。入力が済んだら Continue を押しましょう。

Tell us about you

First name	Last name

Organization name (optional)

Birthday (MM/DD/YYYY) 📅

Continue

By clicking "Continue", you agree to our Terms and
acknowledge our Privacy policy

■ STEP 5：電話番号を入力（メールアドレスで登録の場合のみ）

次に「Verify your phone number」（携帯電話の番号で認証）のページで，携帯電話の番号で認証をしていきます。携帯電話の番号を入力し，Send code を押すと，あなたの携帯電話に認証コードが届きます。携帯電話のSMS を確認し，送られてきたコードを入力しましょう。

■ STEP 6：登録完了

以上の作業で OpenAI アカウントを作成することができました。この時点で ChatGPT の画面が表示されていない場合は，右上の丸いアイコンをクリックし，Visit ChatGPT を押すことで ChatGPT へアクセスすることができます。

STEP 7：ChatGPT の操作を実際に行う

　こちらが ChatGPT の操作画面です。チャットをするように「Send a message」へ文章を入力して送信することで使用できます。左の列にはこれまでの履歴が表示されます。無料で何度でもメッセージを送受信することが可能なので，まずはどんどん話してみて，ChatGPT に慣れましょう。

プロンプトの工夫次第で
可能性が広がる

■ 普段使っている言葉で ChatGPT を操る

　ChatGPT に送信する文章のことをプロンプトと言います。何も考えずに，プロンプトを送信するだけでも，十分な返答を返してくれる ChatGPT ですが，このプロンプトを工夫することで，さらに ChatGPT から得られる出力の質を上げられることがわかっています。このようにプロンプトを工夫する技術は，プロンプトエンジニアリングと呼ばれていて，注目が高まっています。私たちが日常的に話す際に使用する言葉を自然言語と言いますが，この自然言語でプログラミングをするといった感じに近いのが，このプロンプトエンジニアリングです。

　プロンプトの工夫によって，具体的にどういったことができるのか，一例をお見せしたいと思います。先に ChatGPT が不得意なこととして，計算ができないことを挙げました。例えば，「I use ChatGPT everyday.」という文を「次の文は何単語ですか？」と ChatGPT に聞いてみました。すると，「この文は，5単語です」と返してきます。これは明らかに誤りです。そこで，プロンプトを次のように工夫して再度聞いてみました。

次の文は何単語ですか？　一つずつ数えてください。
カウント例：I am ChatGPT ＝ I: 1　am: 2
　　　　　　ChatGPT: 3 ＝3単語とカウント
I use ChatGPT everyday.

プロンプト

すると今度は,「この文は4単語です」と返してくれました。

少し回りくどいですが,このようにプロンプトにどう数えるか具体的に指示を出してあげることで,その通りに数えてくれるのです。

そんな ChatGPT のプロンプトの代表的なテンプレートとして,「深津式プロンプト」と呼ばれるものがあります。次のようにプロンプトを入力することで,比較的質の高い出力が得られるとされています。

＃ 命令書：
あなたは優秀な 教育者 です。　　　　 役割を与える
以下の制約条件と入力文をもとに最高の授業案を出力してください。

　＃ 制約条件：
　・小学生でも理解できる内容にすること　　　 条件を明確にする
　・活動を必ず2つ入れること

＃ 入力文：
英語での道案内について授業案を考えてください。

プロンプト

このテンプレートは,まず役割を指定して,制約条件の中で,入力された内容について出力してもらうという手法です。ChatGPT には膨大なデータが含まれています。そこで,例えば「優秀な教育者」と限定をしてあげることで,背景にあるデータを「優秀な教育者」に関連するデータに限定できるというわけです。そして,明確に条件を与えてあげることで,ChatGPT 側もその条件の中で出力しようと働きます。本書でも,このテンプレートを用いて,教師の仕事のどんな場面で ChatGPT が活用できるのかを紹介していきます。プロンプトは出力結果を受けて,どんどん修正して調整していく必要があります。本書のプロンプトも,あくまでも「たたき台」として読者の皆様の目的に合わせて,修正しながらご使用いただけると幸いです。

ChatGPT の出力内容を確認する

ChatGPT で情報を出力する際にはファクトチェックが必要

　ChatGPT の出力から情報を得て，それを考えるための材料として使用する際には注意が必要です。なぜなら，ChatGPT が出す文章は，情報が古かったり，ハルシネーションが含まれていたりするおそれがあるからです。ChatGPT が出力した情報を使用する際には，必ず他の情報源でファクトチェックを行う必要があります。ファクトチェックを行う際には，本で確認するのも良いですし，信頼できるサイトを使用するのがおすすめです。

　まず，本で調べる場合，次のサイトが活用できます。

日本最大の図書館検索カーリル

https://calil.jp

　この「カーリル」は，現在地周辺の図書館の蔵書を調べることができるサイトです。例えば，読みたい本があったとして，その本について，都道府県単位で「貸出中」や「貸出可」などの状況を一覧で確認することができます。

　また，インターネット上で調べる際には，以下のサイトが役に立ちます。

e-Stat 政府統計の総合窓口

https://www.e-stat.go.jp

「e-Stat」は，各府省が公表する統計データを検索可能とした政府統計の

ポータルサイトです。データを使って人口ピラミッドなどのグラフを作成する機能，統計データを地図上に表示する機能などもあります。

J-STAGE

https://www.jstage.jst.go.jp/browse/-char/ja

「J-STAGE」は，日本国内で発表された論文を検索することができるサイトです。国内の1,500を超える発行機関が，3,000誌以上のジャーナル等の刊行物を公開しています。

Google Scholar

https://scholar.google.co.jp

「Google Scholar」は，国内外の論文を検索することができます。オープンアクセスではないものも検索結果に表示されるため，検索結果の全ての文献が見られるわけではないので注意が必要です。

これらのサイト以外にも，公的機関のサイトや報道機関のサイトなども活用できるでしょう。

発展編
ChatGPT の API の活用方法

◾ API とは

一歩進んだ ChatGPT の使い方として，自作のアプリや，他者が作成したアプリと連携して ChatGPT を使用する方法もあります。このような仕組みを API と言います。API は有料で，やり取りするテキストの量に応じて金額が加算されていきます。ざっくりとした料金の計算方法は次の通りです。

API 料金の計算方法
モデルごとの料金設定×（入力トークン数＋出力トークン数）

使用する GPT のモデルによって料金が異なります。ChatGPT に使用されている gpt-3.5-turbo の場合，条件によって若干異なりますが，$0.0015 / 1,000 トークンとなっています（2023年7月現在）。GPT ではトークンという単位を使って，文章の量を把握しています。日本語で計算する場合，一概に1文字が何トークンになるのか数えることができないのですが，基本的に1文字1〜3トークンになります。つまり，約330〜1000文字で0.0015ドルかかる計算です。

◾ シークレットキー（API キー）の取得

まずは，API の利用に欠かせないシークレットキー（API キー）の作成方法を紹介します。次のページを開いてください。

API keys

https://platform.openai.com/account/api-keys

API keys

Your secret API keys are listed below. Please note that we do not display your secret API keys again after you generate them.

Do not share your API key with others, or expose it in the browser or other client-side code. In order to protect the security of your account, OpenAI may also automatically rotate any API key that we've found has leaked publicly.

NAME	KEY	CREATED	LAST USED ⓘ		
Secret key	████	2023年4月6日	2023年4月29日	✏	🗑
Secret key	████	2023年4月6日	Never	✏	🗑
Secret key	████	2023年5月3日	Never	✏	🗑

+ Create new secret key

Default organization

If you belong to multiple organizations, this setting controls which organization is used by default when making requests with the API keys above.

████████ ⌄

Note: You can also specify which organization to use for each API request. See Authentication to learn more.

　+ Create new secret key をクリックすると，シークレットキーが作成さ
れます。シークレットキーの右横にあるコピーボタンをクリックし，コピー
しましょう。なお，このシークレットキーは Done を押すと2度と表示さ
れないので忘れないように注意してください。

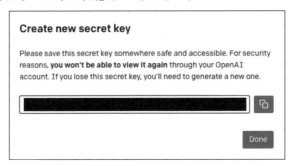

　このシークレットキーを，自分が使用したいアプリなどへ設定することで，
APIを使って，アプリとGPTを連携させることができます。

Google Chrome の拡張機能で API を使う

　シークレットキーは，自分が使用したいアプリなどへ設定することで，API を使って，アプリと GPT を連携させることができます。

　それでは，実際に API 通信を行ってみましょう。今回は，すでに公開されている Google Chrome の拡張機能を使って，API の使い方を紹介します。

　今回使用するのは，「GPT for Sheets™ and Docs™」という拡張機能です。この拡張機能をインストールすることで，Google ドキュメントや Google スプレッドシート上で GPT を使用することができます。はじめに，以下の URL を開き，インストールしましょう。

GPT for Sheets™ and Docs™

https://workspace.google.com/marketplace/app/gpt_for_sheets_and_docs/677318054654

　それでは，この拡張機能に，先ほど取得したシークレットキーを設定していきましょう。まず，スプレッドシートを開いてください。メニューバーの拡張機能の中に GPT for Sheets™ and Docs™ という項目が追加されています。さらに，その中の Set API key をクリックしましょう。

　上のような画面が表示されたら，先ほど取得したシークレットキーを
「Enter your OpenAI API key」の欄へ入力し，$\boxed{\text{Save API key}}$ をクリック
しましょう。これで API のシークレットキーの設定は完了です。これで
ChatGPT を開かなくても，Google ドキュメントや Google スプレッドシー
ト上から GPT を利用することができます。

■ GPT for Sheets™ and Docs™ を使ってみよう

　私がこの拡張機能を使用していて，一番便利だと感じるのは，Google ス
プレッドシート上で「GPT 関数」が使用できるようになることです。

GPT 関数

＝ GPT（"プロンプト"，[値]，[temperature]，[model]）

　　　　　　　　　　　　省略可

　これにより，表計算ソフトで関数を使うように，GPT から回答を得るこ
とができます。例えば，「＝ GPT（"次の英文を添削して"，A1)」と入力す
れば，A1に入っている英文を添削した結果を表示してくれるので，大量の
データを ChatGPT を使って処理したい場合にはおすすめです。

▶ ChatGPT で最新の情報にアクセスする裏技 ◀

　ChatGPT は2021年までの情報しか学習していないため，最新の情報を出力することはできないと紹介しましたが，実は最新の情報を出力する裏技があります。次の Chrome 拡張機能を使うことで，Google の検索結果を元に出力をすることができるようになります。

WebChatGPT

https://chrome.google.com/webstore/detail/webchatgpt-chatgpt-with-i/lpfemeioodjbpieminkklglpmhlngfcn?hl=ja

　この拡張機能をインストールし，ChatGPT へ次の質問をしてみました。
「日本の総理大臣を教えてください。（2023年5月時点)」

WebChatGPT なし
2023年5月現在，日本の総理大臣は菅義偉（すが・よしひで）です。

WebChatGPT あり
日本の総理大臣は，現在，岸田文雄氏が就任しています［1］。…

　WebChatGPT なしの場合，誤った情報を出力してしまっていますが，WebChatGPT ありの場合，最新の正しい情報を出力していることがわかります。また，「［1］」と書かれた部分をクリックすると，その情報源のサイトへアクセスすることができます。これにより，情報源を確認しながらChatGPT を使用することができるので，誤った情報を信じてしまうリスクを最小限に減らすことができます。

第2章

ChatGPTは最先端の思考ツール

☑ChatGPTと一緒に新たなアイディアを見つける
☑ウェビングマップ×ChatGPT
☑Yチャート×ChatGPT
☑フィッシュボーン×ChatGPT
☑座標軸×ChatGPT

ChatGPTと一緒に
新たなアイディアを見つける

■ ChatGPTと相性が良い「思考ツール」

　思考ツールとは，思考を可視化してアウトプットする道具です。自分が思いついた考えを思考ツールに書き込んでいくことで，思考を広げたり，まとめたり，構造化して整理したりすることができます。

　この思考ツールは，高度経済成長期に産業界において，商品開発の場面で使われていたそうです。その後，平成の中頃から教育の現場でも使用されるようになっていきました。これまでの黒板に箇条書きをして生徒の考えを共有する方法に比べて，生徒の思考をよりアクティブに，視覚的にわかりやすく共有しやすくなっています。最近では，Google Jamboard やロイロノートなどのホワイトボードアプリ上でこの思考ツールを使う実践も増えつつあります。

■ 「思考ツールの考え方」をChatGPTで使う

　私はこの思考ツールはChatGPTと相性が良いと考えています。なぜなら，ChatGPTはアイディアを一瞬で大量に生成することができ，さらに，そのアイディアを「思考ツールの考え方」を使って，整理した状態で出力することができるからです。

　もちろんChatGPTは図を描画することができません。そのため，思考ツールにアイディアを書き込んだ状態で出力することはできません。しかし，プロンプトを工夫することで，ある程度，思考ツールの核となる「思考ツールの考え方」をChatGPT上で表現することは可能です。この章で紹介する

方法は，何かを企画する際にとにかくアイディアを出したい，自分の頭の中にある考えをいろいろな角度から見てみたいというときなど，「思考の壁打ち」をする際にきっと役に立つはずです。

　最後に，思考ツールの考え方で整理された出力を見ると，ついついそれだけで満足してしまうということがあるかもしれません。しかし，思考ツールはあくまでも手段であり，目的ではありません。自分の目的を達成するための1つのツールとして，使っていきましょう。

本書で扱う思考ツール

思考ツール名	思考ツールの考え方
ウェビングマップ	トピックから思いつく単語をたくさん書き出す。そして，さらにその単語から連想される単語を書いていき，外側に広げていく。考えを特定のことだけにこだわりすぎないようにし，視野を広げる。
Yチャート	対象について，3つの視点から考えをリストアップする。ものの見方を限定して焦点化しながら，かつ，偏った見方にならないようにする。
フィッシュボーン	ある問題に対して，関係している可能性のある原因を4つ書き出す。そして，その4つに対して，具体的な事例を書き込む。問題について構造的に理解して，分析を行うことを可能にする。
座標軸	x軸とy軸の2軸に独自の指標を割り当てる。そして，一つ一つの意見などを座標のどの辺りに位置付けるかを検討する。各象限ごとにみていくことで，そのカテゴリーの特徴を理解しやすくする。

黒上晴夫，小島亜華里，泰山裕「シンキングツール®〜考えることを教えたい〜（短縮版）」(http://ks-lab.net/haruo/thinking_tool/short.pdf) を参考に作成

ウェビングマップ × ChatGPT

■ 思考ツール「ウェビングマップ」とは

ウェビングマップとは，マインドマップとも言われる思考ツールです。トピックから思いつく単語をたくさん書き出し，そして，さらにその単語から連想される単語を書いて，外側に広げていきます。

例えば，「総合的な学習（探究）の時間」で生徒が取り組む研究課題を決める際の最初の一歩として活用したり，あるテーマについて説明する際に，ひとまず関連する情報を書き出してから，説明する順番を考えるのに活用したりと幅広く使用することができます。

ChatGPT でもウェビングマップの階層構造を表現することが可能です。次のプロンプトで ChatGPT 上でウェビングマップを再現できます。

\# 命令書：
あなたは優秀なアナリストです。
以下の制約条件のもとトピックについてマインドマップにまとめてください。
\# 制約条件：
・| 階層構造化されたリストで出力すること
・リストは 数字や・は用いない
・´|´ と ´-´ を使用して階層構造を表現すること
・マークダウンエディタに出力すること
\# トピック：
ChatGPT の教育活用　← ここを自由に変えてご使用ください

プロンプト

```
ChatGPT の教育活用
|_ 語学学習
| |_ 英会話の練習
| |_ 翻訳の支援
|
|_ 学校教育
| |_ 自動採点
| |_ 宿題の添削支援
|
                         … (以下略) …
```

出力文例

　また，PlantUML というツールを用いることで，実際に図を描くこともできます。下のプロンプトで出力されたものを PlantUML のサイトへ入力し，Submit をクリックすると，実際に図を描画することができます。

PlantUML Web Server

https://www.plantuml.com/plantuml/uml/SyfFKj2rKt3CoKn
ELR1lo4ZDoSa70000

命令書：
あなたは優秀なアナリストです。
以下の制約条件のもと，トピックについてマインドマップにまとめて，
PlantUML で出力してください。
トピック
ChatGPT の教育活用

プロンプト（※今回は GPT-4 を使用しました）

Yチャート×ChatGPT

思考ツール「Yチャート」とは

　Yチャートとは，3つの視点からあるトピックについて考えていくための思考ツールです。Yの形に当てはめて出力することはできませんが，このYチャートの「3つの視点からトピックについて考えて整理する」という考え方をChatGPT上で再現することは可能です。

　右ページのプロンプトでは，「教員」「保護者」「生徒」の三者の立場からトピックの「ChatGPTの教育活用」について意見を出力させています。例えば，これから新しい取り組みを学校で行うときに，それぞれの視点からト

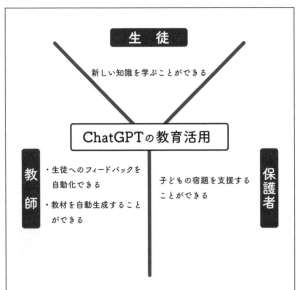

ピックについて検討するきっかけとして使用できるでしょう。また，授業では，「武士」「農民」「商人」などの立場の異なる3人を用意して，制約条件の中に「それぞれの立場で話し言葉でセリフを書くこと」などの指示を入れると，それぞれの立場のセリフを作ることも可能です。このように，教材作成等にも活用する

ことができます。教師，生徒ともに物事を多面的に捉えたいとき，おすすめ
です。

＃ 命令書：
あなたは優秀なアナリストです。
以下の制約条件のもと，トピックについて出力してください。
＃ 制約条件：
・教員，保護者，生徒の立場から意見を挙げる　← 立場は自由に指定する
・意見は箇条書きで簡潔にまとめること
・マークダウン形式で出力すること
＃ トピック
ChatGPTの教育活用　← ここを自由に変更してお使いください

プロンプト

ChatGPTの教育活用についての意見
教員の立場から
・ChatGPTを使って，自動化されたフィードバックを生徒に提供することが
　できる。
・ChatGPTを使って，教材を自動生成することができる。
保護者の立場から
・ChatGPTを使って，子どもの課題や宿題の支援をすることができる。
・子どもがChatGPTを使って自分の知識を深めることができる。
生徒の立場から
・ChatGPTを使って，自分の問題点を特定し，改善することができる。
・ChatGPTを使って，新しい知識を学ぶことができる。

出力文例

「マークダウン形式で出力すること」という一文を入れると，見出しや太
字などを使って見やすく出力することが可能です。

フィッシュボーン×ChatGPT

思考ツール「フィッシュボーン」とは

　フィッシュボーンとは，「魚の骨」に見立てた思考ツールです。魚の頭に，ある課題を書き込み，骨に４つの原因を見出しと文章で書いていきます。魚のイラストを出力することはできませんが，マークダウン形式で見やすく原因を整理することは可能です。

　この思考ツールを用いることで，課題の原因を整理するだけでなく，ある課題に対する自分が取り組みやすい部分を見つけることもできます。例えば，右ページの例では，「授業における教員のICT活用頻度の低さ」について分析をさせました。出力結果はどれも納得できるものばかりです。しかし，一教員が取り組みやすいのは，原因１の部分だと気付くことができます。

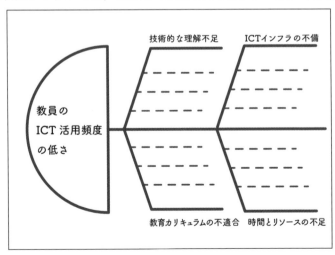

```
# 命令書：
あなたは優秀なアナリストです。
以下の制約条件のもと，トピックについて出力してください。
# 制約条件：
・原因を4つ挙げる
・原因には見出しを付ける
・マークダウン形式で出力すること
# トピック
授業における教員のICT活用頻度の低さ
```

プロンプト

原因1：ICTに対する教員の技術的な理解不足

教員がICTを授業に十分に活用しない一つの原因は，教員自身がICTに対する十分な技術的な理解や技能を持っていない可能性があります…

原因2：学校のICTインフラの不備

学校側のICT環境が整っていないと，教員がICTを活用した授業をすることが困難になります…

原因3：教育カリキュラムの不適合

現行の教育カリキュラムがICTの活用を含まない，またはそれを推奨しない場合，教員はICTを授業に取り入れることに消極的になる可能性があります…

原因4：時間とリソースの不足

ICTを授業に統合するには，新しい教材を開発したり，新しいテクノロジーを学んだり，または新しい教育手法を習得したりする時間が必要です。しかし，教員はすでに多忙なスケジュールをもっており…

出力文例

座標軸 × ChatGPT

■ 思考ツール「座標軸」とは

　座標軸とは，x軸とy軸の2軸を設定し，カテゴリー分けをしていくという思考ツールです。例えば，「教師の仕事」には，「授業準備」「部活指導」「保護者対応」等たくさんの仕事が含まれます。これらの仕事を，x軸を「教師の負担度（低⟷高）」，y軸を「教育成果（低⟷高）」の座標軸に配置することで，各象限ごとにグループ分けすることができます。

　実際，この分析を行う際は，分析対象に内包されるものを考えたり，x軸とy軸を何にするかで悩んだり，かなり時間がかかってしまいます。

　しかし，右ページのプロンプトを使えば，内包される仕事を書き出し，x軸の指標の設定，そして，それらの座標軸での位置付けまでを一度に行うことが可能です。

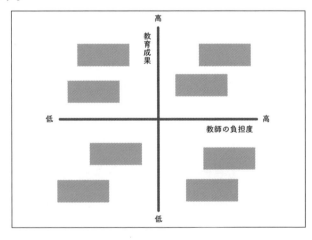

＃ 命令書：

あなたは優秀なアナリストです。

以下の手順に沿って，トピックについて出力してください。

＃ 手順：

1 トピックに内包されるものを書き出す

2 x軸，y軸に対になる独自の指標を指定する

3 座標に1で書き出した単語を配置する

4 各象限ごとに出力する

＃ トピック

教師の仕事

＃ 出力

・トピックに内包されるもの：

・独自の指標：

・座標にトピックに内包されるものを配置した結果：

プロンプト

1．**トピックに内包されるもの：**

レッスン計画，生徒の評価，学生とのコミュニケーション，授業の進行，親とのコミュニケーション，学生の指導，教育資材の準備，専門知識の維持とアップデート，学生の成績管理，行事の組織と管理

2．**独自の指標：**

X軸：直接的な学習への影響

Y軸：長期的な影響

3．**座標に1で書き出した単語を配置する：**

第一象限：学生の指導，レッスン計画

第二象限：専門知識の維持とアップデート，行事の組織と管理

…（以下略）…

出力文例（※今回は GPT-4 を使用しました）

第3章

....

授業計画で活用するアイディア

☑魅力的なアクティビティーを考える
☑教科横断型の授業を企画する
☑プロジェクトを達成するプロセスを明確にする
☑評価のためのルーブリックを作成する
☑学習指導案作成の補助に使用する

魅力的なアクティビティーを考える

■ 魅力的な設定やタイトルで生徒の関心を惹く

　「主体的・対話的で深い学び」や「アクティブラーニング」という言葉が登場してからしばらく経ちましたが，まだまだ授業中に行う生徒の活動が少ないと悩んでおられる先生方も多いのではないでしょうか。また，同じような活動ばかりしていて，マンネリ化しているという先生方もおられるでしょうか。そんなときは，ChatGPTにアクティビティーのアイディアを出してもらいましょう。なかなか思いつかないような魅力的な設定やアクティビティーを提案してくれます。

　右ページのプロンプトを入力することで，アクティビティーのアイディアを出してもらうことができます。このプロンプトでは，教科，対象学年，目標，時間を設定できるようにしています。先生方が実際に指導される状況に合わせて各項目を書き換えて使用してください。

　おそらく1回の指示でChatGPTが理想通りの結果を出力してくれることはないでしょう。ChatGPTの良いところは，これまでのプログラミングと異なり，私たちの普段使っている言葉で，AIに指示が出せるところです。この特徴を生かして，出力結果を見て，今ひとつパッとしない場合は，「他の案を提案してください」とひたすらしつこく聞き直すのも有効です。

　これらの案はあくまでも「たたき台」として活用するものだと思います。現在受け持っている子どもたちの既習内容や関心などに合わせて，「ここを変えたらうまくいきそう」という視点をもちながら出力を読むと，これまでにない新しい学習活動をつくれるのではないでしょうか。

＃ 命令書：

あなたは優秀な教育者です。

以下の制約条件と入力文をもとに，生徒が楽しんで取り組める学習活動を提案
してください。

＃ 制約条件：

・活動案を 2 つ提案すること

・魅力的なタイトルをつけること

・生徒たちが主人公となる独自のストーリーを作ること

・生徒たちが目標を達成できる活動にすること

・マークダウンで出力すること

＃ 入力文：

・対象：中学生

・目標：英語の受動態を使用できる

・時間：15分

プロンプト

学習活動案 1 ：" スパイの冒険 "

概要

この学習活動では，生徒たちはスパイとなり，英語の受動態を使用しながらス
リリングな冒険に挑戦します。生徒たちは主人公として活躍し，目標を達成す
るために英語の受動態をマスターします。

活動手順

1．生徒たちはスパイの役割を割り当てられます。彼らは特殊なミッションを
遂行するために英語の受動態を使わなければなりません…

学習活動案 2：" タイムトラベルの謎 "

… （以下略）…

出力文例

教科横断型の授業を企画する

各教科の先生を ChatGPT 上に出現させる

　学習指導要領では，言語能力や情報活用能力，問題発見・解決能力などの資質・能力を育成するために教科等横断的な学習の充実が求められています。しかし，専門分野の違う教員と授業を企画する時間が十分にとれなかったり，これまでに行われた教科横断型の授業の実践例が少なかったりするため，このような授業を行うのは少しハードルが高いように感じます。

　そこで，ChatGPT に教科横断型の授業案を出力させて，それをベースに他教科の教員に企画をもちかけるという方法を提案します。ChatGPT には，役割を与えられるという特徴があります。この特徴を生かして，ChatGPT 上に他教科の先生を呼び出してみましょう。

　右ページのプロンプトでは，国語，数学，理科，社会，英語の教員を呼び出しています。そして，「地域探究」というトピックについて，それぞれの立場から授業案を出させています。今回は「一言で提案すること」という制約条件を入れているため，出力が簡潔になっています。もし，より詳細を確認したいという場合は，「国語の案についてより詳しく教えてください」というふうに指示を出すことで確認することができます。

　生徒が教科の枠を超えて学びを深めていくことで，学習内容を，より身近で意味のあるものとして捉えることができると私は考えています。ChatGPTを活用し，上記のような他教科の教員と話し合う原案を作成することで実施する上でのかなりの負担が軽減されるはずです。

　この出力を検討する際には，各教科等の「見方・考え方」を意識した授業

になっているかを確認すると，さらにその教科の学びが深い学びとなります。

「見方・考え方」を意識した授業づくり
http://www.tochigi-edu.ed.jp/center/cyosa/cyosakenkyu/
r02_jyugyokaizen/r02_jyugyokaizen_sho_all.pdf

＃ 命令書：

あなたは優秀な［教科］の先生です。

以下の制約条件と手順を元に，最高の授業案を提案してください。

＃ 制約条件：

授業案は一言で提案すること

＃ 手順：

１．以下の教科を一つずつプロンプトに順番に代入する

２．その教科の視点から，以下の学習課題についての授業案を提案する

＃ 学習課題：

地域探究

＃ 教科：

国語，数学，社会，理科，英語

プロンプト

国語：地域の伝承物語を朗読・解釈する

数学：地域の人口動態や統計データを分析する

社会：地域の歴史や文化を調査し，プレゼンテーションする

理科：地域の自然環境や生態系を観察・研究する

英語：地域の観光案内パンフレットを作成する

出力文例

プロジェクトを達成する
プロセスを明確にする

何から始めたら良いかは ChatGPT に聞こう

　ある目標へ向けて生徒たちへプロジェクト型学習を企画する，あるいは，教員自身が何か達成したい目標をもっているという場合もあるかもしれません。こうしたプロジェクトは実際に取り組むまでに，何から始めたら良いのかに悩んでしまって，結局何もできなかったという経験が一度はあるのではないでしょうか。そんなとき，右ページのプロンプトで目標達成までのプロセスを提案させることができます。

　制約条件の中にプロジェクトの実施者，学習内容，そして，目標の中にどんなことを達成したいかを入力することで，その条件に応じて目標を達成するための手順を提案してくれます。

　このプロンプトは，「総合的な学習（探究）の時間」や学園祭など，クラス全体で何かに取り組む際に有効です。この出力結果をもとに，役割分担をしたり，スケジュールを共有したりすることで，プロジェクトに取り組む時間をより多く確保することができるでしょう。

　さらに，制約条件に「表の形で出力してください」という指示を追加することで，より見やすく出力することも可能です。他にも，「各ステップを To do リストの形にして，先頭に□を入れてください」と追加することで，チェックリストを作成することもできます。こうすることで，今何をすべきかが明確になるので，ワークシートや学級通信などにも使えます。

＃命令書：

あなたは優秀なコンサルタントです。

以下の制約条件と目標を元に，最高の計画を提案してください。

＃制約条件：

・目標達成のための準備を具体的に順を追って提案すること

・実施者：中学生

・学習内容：英語での表現力が身に付く内容にすること

＃目標：

地域でイベントを行う

プロンプト

中学生向けの英語イベントを開催するための計画を提案します。

【準備1】目標を明確にする

まずは，イベントの目的を明確にします。中学生向けの英語イベントということで，英語に触れる機会を提供することが目的です。そのために，英語に親しみやすいテーマを設定し，楽しく学べる環境を作ることが大切です。

【準備2】イベントのテーマを決定する

次に，中学生が興味をもちやすいテーマを選定します。例えば，音楽，スポーツ，アニメ，ゲームなどが考えられます。テーマに合わせた英語の歌やスポーツの用語，アニメやゲームの英語表現などを取り入れることで，中学生が英語に触れる機会を増やすことができます。

【準備3】イベントの形式を決定する

イベントの形式は，ワークショップ，トークショー，ディスカッションなど，様々なものが考えられます。中学生向けの英語イベントの場合，ワークショップ形式が適していると思われます。具体的には，英語で歌を歌ったり，英語でスポーツをしたりするワークショップが考えられます。

【準備4】会場を選定する

…（以下略）…

出力文例

評価のためのルーブリックを
作成する

■ ルーブリックとは

　ルーブリックとは，学習目標への達成度を評価するため，観点ごとに目指すべき姿を具体的に文章化した「評価規準」と，その目指すべき姿に対してどの程度達成できているかという数段階の「評価基準」を文章の形で表にまとめたものです。

　高等学校でも観点別評価が導入され，「思考・判断・表現」や「主体的に学習に取り組む態度」をそれぞれ評価することが求められています。このような流れから，プレゼンテーションやスピーキングテスト，レポート課題などのパフォーマンステストを実施する学校も増えてきています。こうしたパフォーマンステストを評価する際には，ルーブリックが適しています。パフォーマンステストを実施する際に，事前にルーブリックを生徒へ共有しておくことで，生徒も目指すべき方向を確認した上で課題に取り組むことができます。

■ ルーブリックは表の形で出力させよう

　右ページのプロンプトでは，評価する観点として，学習指導要領に示された3つの資質・能力を入れています。課題に応じて，この観点や使用場面などを変更してお使いください。例えば，作文の評価の場合は，「内容」「構成」「オリジナリティ」といった別の観点でルーブリックを作成させるのも有効です。評価の観点自体も ChatGPT に相談しながら検討していくのも良いですね。

命令書：
あなたは優秀な教育者です。

以下の制約条件と使用場面を元に，最高のルーブリック評価表を提案してください。

制約条件：
・1つの表の形で出力すること
・｜知識・技能｜思考・判断・表現｜主体性｜の3つの観点を1行目の横に入れてください
・ABCの3段階作ること
・中学生にもわかるように具体的な言葉を使って各段階を説明すること

使用場面：
中学生の英語スピーチの評価

プロンプト

	知識・技能	思考・判断・表現	主体性
A段階：優れている	幅広い英語の語彙や文法を正確に使用し高度な表現ができる	論理的な構成で明確に意見を表現できる	積極的に自己の学習に取り組み，評価や目標設定を継続的に行う
B段階：適切なレベル	適切な英語の語彙や文法を使用し基本的な表現ができる	適切な構成で明確に意見を表現できるが，一貫性が欠けることがある	自己の学習に取り組み，評価や目標設定を一定程度行う
C段階：初歩的な理解	基本的な英語の語彙や文法を理解しているが，限られた表現しかできない	基本的な構成で意見を表現できるが，一貫性や深さに欠けることがある	自己の学習に関心をもち，一部で自己評価や目標設定を行うが，一貫性や積極性に欠けることがある

出力文例

学習指導案作成の補助に使用する

■ 学習指導案の項目と「ChatGPT との相性」

　教師の作成する文書の中でも，特に時間がかかるのが学習指導案。そこで，ChatGPT を使って，学習指導案を作成できないか検討してみました。

学習指導案に含まれる項目と ChatGPT の相性

項目	ChatGPT との相性
科目・単元名	× 自分で書いた方が速い
単元の目標	○ アイディア出しに使える
単元設定の理由 生徒観，題材観，指導観	△ 文章化する際に詰まったら使えなくはない
評価規準	× 複数の資料を参照する必要があり 向いていない
単元の指導と評価の計画	× 教科書を参照する必要があり 自分で書いた方が速い
本時案	○ アイディア出しに使える ただし，そのままは使えない

学習指導案に含まれる項目は，地域や教科，校種によって異なりますが，おおむね共通の項目が含まれています。まず，これらの項目ごとに，私が考える「ChatGPTとの相性」を，表に整理してみました（左ページ）。いろいろと試してみたのですが，残念ながら，ChatGPTに全てお任せで作成させるという使い方は，現状できなさそうです。

■ なぜChatGPTが使えない？

　学習指導案の作成で，私が「ChatGPTと相性が悪い」と考えた項目について，もう少し詳しく説明をしたいと思います。

　まず「科目・単元名」は，科目名や単元名を書くだけなので，基本的にChatGPTを使うまでもありません。例外として，オリジナルの教材や教科横断型の題材を扱うため，単元名が決まっていない場合などは，ChatGPTにタイトルを考えてもらうことはできるでしょう。

　「単元設定の理由」では，生徒の様子，題材について，そして，これまでの指導について書いていきます。この3つの内容をChatGPTに適当に書かせることは可能ですが，それでは学習指導案を作成している意味がなくなりますし，実態と異なりすぎて結局修正に時間がかかるということもありえるでしょう。また，この3つの要素を文章化してChatGPTに伝えることができるのであれば，自分で文章を書いた方が速いはずです。一方で，文章が足りないというときや，うまく言語化できないというときに，補助的に使うことはできそうです。

　「評価規準」は，「評価のためのルーブリックを作成する」（p.50）で紹介した内容がある程度使えます。しかし，学習指導案に記載する単元の評価規準を作成する際には，①学習指導要領の各科目の目標と内容，②『各教科等の評価の観点及びその趣旨』（文部科学省），③『「指導と評価の一体化」のための学習評価に関する参考資料』（国立教育政策研究所）を参照する必要があります。国立教育政策研究所の参考資料には，評価規準や基本の型が例示されています。この3つの資料，さらには，使用する教材の情報も組み合

わせてつくるとなると，参照する情報が多すぎるため，ChatGPT には向いていないのです。

「単元の指導と評価の計画」も同様に，教科書の構成や普段の授業の進め方などを ChatGPT に入力している間に，自分で作成した方が速いでしょう。

このように，学習指導案は，指導が行われる文脈や参照する資料等が多すぎるため，ChatGPT が思うように使えないのです。

■ 「単元の目標」の案を複数書き出してもらおう

一方で，部分的に ChatGPT を活用することで，アイディアを広げたり，作業の効率化を図れたりする部分もあります。まず，「単元の目標」を考える際には，単元の目標の候補を出力させるのに ChatGPT が活用できます。単元の目標は,学習指導要領の各科目の「目標」や「内容」を参考にしながら,単元を通じて生徒が身につけるべき力を具体的に書きます。実際に，学習指導要領に記載されている各科目の目標はそれほど文量が多くないので，プロンプトにそのままコピー＆ペーストで貼り付けて，使用することができます。

\# 命令書：
あなたは優秀な教育者です。
以下の制約条件，単元の概要，年間目標を踏まえ，その単元で生徒が身につけるべき姿を提案してください。
\# 制約条件：
・語尾は「できる。」にすること
\# 単元の概要：
・総時間数：8時間
・教科：英語
・内容：海外で人命救助に取り組む日本人に関する文章を読む
\# 年間目標：
[ここに学習指導要領の各科目の目標を貼り付ける]

プロンプト

> この単元で生徒が身につけるべき姿を以下のように提案します：
>
> **聞くこと：**海外で人命救助に取り組む日本人に関する英語の音声情報を理解し，その内容や話し手の意図を把握できる。
>
> **読むこと：**海外で人命救助に取り組む日本人に関する英語の文章を読み，書き手の意図や記事の要点を理解できる。
>
> … （以下略） …
>
> 海外での人命救助という社会的な話題を扱うことにより，生徒たちの社会的な視野と国際的な視点を育てることができます。

出力文例

　出力文にある通り，英語コミュニケーションⅠの4技能5領域「聞くこと，読むこと，書くこと，話すこと（やり取り），話すこと（発表）」，それぞれに対して，内容を踏まえた目標を出力してくれました。もし，しっくりくるものがない場合は，「別の案をさらに出力してください」とお願いすることで代案を出力してくれます。これらの案をもとに，実際の生徒の学習状況を踏まえて，単元の目標を洗練していくことができるでしょう。

■　「本時案」を考えてもらおう

　次に，学習指導案のメインとなる本時案の計画を出力させましょう。ここでも，「単元の目標」と同じで，あくまでも案をたくさん出力させて考える材料にするという使い方を紹介したいと思います。これまでの「魅力的なアクティビティーを考える」（p.44）や「プロジェクトを達成するプロセスを明確にする」（p.48）で紹介したプロンプトを使って，メインの活動を考えたり，そこに至るまでの過程を考えたりすることもできますが，まずは学習

指導案らしく，表の形で学習の流れを出力させてみましょう。プロンプトは
次の通りです。

\# 命令書：
あなたは優秀な教育者です。
以下の制約条件，本時の目標を踏まえ，最高の授業案を出力してください。
\# 制約条件：
・表の形で出力すること
・表の１行目は｜時間｜学習活動｜活動の目的｜指導上の留意点｜
\# 本時の目標：
海外で人命救助に取り組む日本人に関する英語の文章を読み，自分
の意見をクラスメートと共有できる

プロンプト

　このプロンプトを送信した結果，右ページのように出力されました。とり
あえず書いてもらったわりに，大きな流れ自体は悪くない指導案です。しか
し，細部は甘く，授業ができるレベルではありません。例えば，「自分の意
見を文章にまとめる」のところでは，どのような発問をして生徒に考えを深
めさせるのか，どのような形で文章にまとめさせるのか，など詰めていく必
要があるところが多々見受けられます。そこで，ChatGPT に「自分の意見
を文章にまとめるの部分をさらに詳しく提案してください。生徒に考えを深
めさせる発問も考えてください」と追加してみましょう。すると，より具体
的な案を出してくれます。もし，この出力がイマイチだなと感じたら，「別
の案を出して」と依頼するのも良いでしょう。

■ ChatGPT で効率化して，指導案作成を楽しもう

　ChatGPT を使うことで，複数の目標案や授業案を提案してもらうことが
できました。このように，ChatGPT に相談をしながら，「思考の壁打ち」を
することで，指導案を洗練させていくことができます。ChatGPT を使いな

がら，指導案の作成を効率化して，指導案の作成を楽しんでいきたいものですね。

以下の表は，**本時の目標に基づいて作成した授業案を示しています。**

時間	学習活動	活動の目的	指導上の留意点
5分	挨拶と今日の目標説明	生徒が授業の目的を理解する	簡潔に授業の目的を説明し，生徒が活動に集中する意欲を引き出す
15分	海外で人命救助に取り組む日本人に関する英語の記事を読む	英語の読解力を鍛えるとともに，日本人の人命救助活動について理解する	難しい単語や表現については事前に説明し，理解のサポートをする
10分	自分の意見を文章にまとめる	自分の意見を英語で表現する力を強化する	生徒が意見を表現する際には，必要に応じて表現のサポートを提供する
15分	パートナーやグループと意見を共有する	他の生徒の意見を理解し，自分の意見を伝えるコミュニケーション能力を強化する	異なる意見に対する尊重を促し，建設的なディスカッションを推奨する

… （以下略） …

出力文例

第 4 章

ワークシート作成で活用する
アイディア

☑教科書の続きを作る
☑スピーチのお手本を作成する
☑モノローグをダイアローグへ変換する
☑語彙リスト作成から Kahoot! へ
☑問題作成を効率化する
☑英文を添削する
☑ChatGPT を使った英語エッセイの採点の精度は？

教科書の続きを作る

■ 教科書の本文の続きを考えることで，想像力を豊かにする

　私は英語の授業で教科書の本文の続きを即興で考えさせるという活動をよくします。本文の内容を踏まえて続きを考えることで，内容の理解と「書くこと」や「話すこと」などの表現する力を高めることができます。

　しかし，生徒が何もないところから続きを考えるのは，少しハードルが高い場合もあります。プリントなどに例を記載しておくと生徒も活動に取り組みやすくなります。

　この文章の続きを考えるという作業は，ChatGPT が得意なことの1つです。右ページのプロンプトの入力文の欄に，続きを考えさせたい文章をコピー＆ペーストしてください。これだけで続きを考えてくれます。制約条件に「おもしろく」や「予想外の展開に」といった条件を入れるとさらにおもしろい文章を生成することができます。このプロンプトで作成した例をプリントに掲載したり，活動の始めに提示したりするだけで，生徒がより主体的に教科書の続きを考える活動に取り組むことができるでしょう。

　この他にも，例えば，教科書の本文の「前日の話」「次の日の話」などを作成し，文章を増やすことで，生徒の読む文量が増え，出題できる問題も増えます。この方法はプリントや練習問題，定期考査などで活用することもできます。もちろん，教員による細かな修正は必要となりますが，ゼロから話を考えるよりも ChatGPT と対話しながら続きを考えていく方が効率的に作成することができるでしょう。おもしろくなければ，「もっとおもしろくして」とお願いするだけで代案を提示してくれます。

＃ 命令書：
あなたは優秀な作家です。
以下の制約条件を元に，入力文の続きを提案してください。
＃ 制約条件：
・入力文の内容を踏まえて，続きを考えること
・中学生の興味を惹く続きを考えること
＃ 入力文：
[ここに本文を入れる]

プロンプト

猫の吾輩は，初めて人間を見た瞬間，驚きと興味が入り混じった感情に包まれました。その人間は，長い黒髪をなでなでしている優しい笑顔の女性でした。吾輩は，その女性が手に握っている物に目が留まりました。それは，何と絵本でした。興味津々の吾輩は，女性のそばに近づき，猫の手でぎこちなく絵本をめくり始めました。すると，美しいイラストが目に飛び込んできました。森の中に住む可愛らしい動物たちや，不思議な世界が描かれていました。吾輩は，その絵本の世界に引き込まれ，ついには自らの名前を見つける冒険に出発することを決意しました。

出力文例

　この例では，夏目漱石の『吾輩は猫である』の冒頭をプロンプトへ入れて，続きを考えてもらいました。

スピーチのお手本を作成する

■ 生徒一人ひとりのスピーチ原稿を作成することができる

　生徒に人前で発表をする練習をさせたいというとき，これまでは教科書の文章を暗記して発表させたり，原稿を考えさせて発表をさせたりしていました。原稿を考えさせる活動は，書くことの練習になるのですが，一方でかなり時間がかかってしまいます。そのため，あまりスピーチの活動ができていないという先生方も多いと思います。

　教科書で文章を読んだ後，最後のまとめの活動として，サクッとスピーチをさせたいときは，書くことと発表を切り分けて考えてみるのはいかがでしょうか。つまり，書く部分を ChatGPT に助けてもらい，発表の練習にもっと時間を使うのです。ChatGPT を使うことで生徒一人ひとりの考えに沿ったスピーチ原稿を作成することが可能です。

　プロンプトでは「TED トーク」という言葉を入れています。TED トーク（TED Talks）は，様々な分野の専門家のプレゼンテーションが視聴できるサービスです。プレゼンのお手本としてとても有効です。

　実際，生徒一人ひとりのスピーチ原稿を作成するには，① Google フォームで生徒の意見や考えを収集する，② Google スプレッドシート上で GPT の API を使って原稿を作成する，③差し込み印刷で個別のプリントを作成する，という流れで効率化することができます。

　API を使わない場合は，一つひとつ Web 上で入力をしていくしかないので，生徒の意見や考えを踏まえて，何パターンか作成して，生徒に自分の意見に近いものを選ばせるという形でも良いかもしれません。

命令書：
あなたは優秀なプレゼンターです。
以下の制約条件と内容を元に，最高の TED トークの台本を出力してください。
制約条件：
・２分程度で話せる内容にすること
・中学生に身近な話題を取り入れること
・スライドの数はできるだけ少なくし，内容を（）で示すこと
内容：
動物保護

プロンプト

タイトル：動物を守るために，私たちにできること

［開始スライド］
スライド１：タイトル - 動物を守るために，私たちにできること

［開始の言葉］
皆さん，こんにちは！　私は（あなたの名前）と申します。今日は，私たちが
動物を守るためにできることについてお話ししたいと思います。

［スライド２］
スライド２：動物の写真（愛らしい犬や猫など）

私たちの周りには，私たちと一緒に生きる動物たちがたくさんいます。しかし，
彼らは私たちの世話と保護が必要です。なぜなら，彼らは私たちと同じように
感じる生き物なのです。

… （以下略）…

出力文例

モノローグをダイアローグへ変換する

教科書の本文をもっとペアワークがしやすい形に変換できる

ChatGPT は文章を書き換える名人と言えます。例えば，モノローグ（ひとり語り）からダイアローグ（対話）へ変換することも簡単です。

例えば，私はこのモノローグからダイアローグへ変換した文章を，授業でのペア活動のための教材として使用しています。モノローグで書かれている文章を，2人の対話形式の文章にすることで，ペアで役割分担をすることができるようになり，活動の幅が広がります。

また，教科書の本文だけでなく，その文章をより簡単な表現で書き換えたダイアローグも一緒に扱うことで，生徒たちが，自分の言葉で情報をまとめるための表現を学ぶのにも役立ちます。

さらに，プロンプトに「話題について，書かれていない視点からの意見を追加すること」と入れることで，教材に異なる視点を追加することもできます。この文章を授業で使うことで，生徒たちは意見の表現方法を学んだり，本文と比較して情報を整理しながら読む練習をしたりすることもできます。

私は英語科の教員ですが，この使い方は他の教科でも有効だと考えています。例えば，ファクトチェックは必要になってきますが，歴史的な出来事の説明を，歴史上の人物間のダイアローグとして提示することが可能です。他にも，理科の授業では，実験の仮説と結果を研究者2人の対話として提示することで，生徒の理解を助けることができるかもしれません。

このようにモノローグをダイアローグへ変換することで，単なる事実に登場人物の視点を追加して，より豊かな文章を作ることができます。

命令書：
あなたは優秀な作家です。
以下の制約条件と入力文を元に，対話文を出力してください。
制約条件：
・入力文を中学生キョウヘイとユウキの会話文にすること
・２人の発話量ができるだけ均等になるようにすること
・入力文の話題について，書かれていない視点からの意見を追加すること
入力文：
[ここにダイアローグにしたい文章を入れる]

プロンプト

キョウヘイ：ねえユウキ，ChatGPT ってすごいよね。モノローグっていうひとり語りからダイアローグっていう対話に変換するのも，すごく簡単なんだって。

　　ユウキ：そうなんだ，それってどういうふうに使われるの？

キョウヘイ：例えば，私は授業でこの変換した文章をペア活動の教材として使っているんだ。モノローグに書かれている内容を２人の対話形式にすることで，ペアで協力しながら学ぶことができるんだよ。それで活動の幅も広がるし，すごく便利だよ。

　　ユウキ：なるほど，それなら生徒たちも自分の言葉で情報をまとめることができるんだね。

キョウヘイ：そうなんだよ。教科書の本文だけじゃなくて，簡単な表現のダイアローグも使うことで，生徒たちは情報を整理しながら自分の言葉で表現する方法を学ぶことができるんだ…

出力文例

今回は左ページの文章をダイアローグにしてみました。

語彙リスト作成から Kahoot! へ

▌ 語彙リストを作る

　本文を読むための支援として，語彙リストを作成することもできます。次のプロンプトでは，語彙リストを表の形で出力するようにしています。

\# 命令書：
あなたは優秀な英語教師です。
次の制約条件をもとに，入力文の語彙リストを作成してください。
\# 制約条件：
・ヘッダーありで表の形で出力すること
・CEFR A2レベル以上の語彙をまとめること
・時制により動詞の形が変化している場合は，原形に戻すこと
・固有名詞以外，文頭は小文字にすること
\# 入力文：
[ここに文章を入れる]
\# 出力：
|Word & Phrases| 意味 |

プロンプト

　また，これを応用して，学習用クイズアプリ Kahoot! の問題を作成することも可能です。ただし，ここで説明する方法は，GPT-3.5ではうまく機能しませんでした。そのため，使用する際は，GPT-4 が必要です。

　Kahoot! で読み込むためには，次のような表になっている必要があります。

制限時間は，「5, 10, 20, 30, 60, 90, 120, 240」の中から指定します。

Kahoot! のテンプレート

Question	Answer 1	Answer 2	Answer 3	Answer 4	Time limit	Correct answer
問題	選択肢1	選択肢2	選択肢3	選択肢4	制限時間（秒）	正解の番号

　それでは，まずは，問題作成して，この表を作るところを ChatGPT にさせてみましょう。以下の例では，語彙の確認テストを Kahoot! で行う想定で制約条件を記述しています。

＃ 命令書：

あなたは優秀な英語教師です。

次の制約条件をもとに，入力文の語彙の確認テストを作成してください。

＃ 制約条件：

・4択で作成すること

・Question は英語で単語や句を1つずつ入れる

・決して文全体を入れないこと

・時制により動詞の形が変化している場合は，原形に戻すこと

・固有名詞以外，文頭は小文字にすること

・Answer 1 - 4 は日本語

・Time limit は全て「60」

・Correct answer には正しい選択肢の番号のみを入れる

＃ 入力文：

[ここに文章を入れる]

＃ 出力：

|Question|Answer　1 |Answer　2 |Answer　3 |Answer　4 |Time limit|Correct answer|

プロンプト

もし，他の教科で使用したい場合は，制約条件中の以下の3点に変更を加えてください。

Question 　　　問題に関する指示
Answer 1 - 4 　　答えの選択肢に関する指示
Time limit 　　制限時間を「5, 10, 20, 30, 60, 90, 120, 240」秒から選ぶ

　次に，作成した表をKahoot!に取り込む方法を説明します。

■ STEP 1：テンプレートのダウンロード

　まず，Kahoot!のWebページよりテンプレートをダウンロードします。

Quiz spreadsheet template for importing questions
https://kahoot.com/library/quiz-spreadsheet-template/

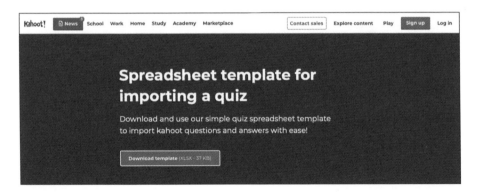

■ STEP 2：表をコピーして，テンプレートファイルへ貼り付け

　次に，先ほどのプロンプトで作成したものをコピーします。その後，Kahoot!のExcelのテンプレートへペーストをします。

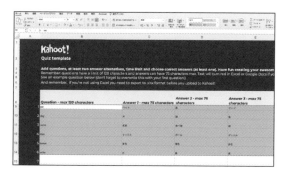

Question	Answer 1	Answer 2	Answer 3	Answer 4	Time limit	Correct answer
pet	ペット	窓	リンゴ	車	60	1
dog	犬	猫	魚	鳥	60	1
name	名前	食べ物	曲	色	60	1
Max	マックス	ポール	ダニエル	スティーブ	60	1
brown	茶色	青色	赤色	緑色	60	1
white	白	黒	紫	オレンジ	60	1
Labrador Retriever	ラブラドール・レトリバー	ビーグル	シャム猫	ペルシャ猫	60	1
friendly	友好的	冷たい	悲しい	怒っている	60	1

コピー＆ペースト

STEP 3：Kahoot! の作成画面で読み込み

　Kahoot! の「作成」画面で，問題を追加 をクリックすると，スプレッドシートをインポート ボタンが出てきます。ここをクリックし，先ほどの Excel ファイルを読み込むことで，問題を作成することができます。

問題作成を効率化する

活用方法は無限大

　問題作成において ChatGPT を活用する方法はまだまだたくさんあります。ここでは，高校英語教師の視点から，問題作成における活用方法をいくつか紹介します。組み合わせて使っていただいたり，自分の教科ならどう活用できるかを考えたりするきっかけとなればと思っています。

文章の難易度を調整する

　ChatGPT を使って，文章で使われている語彙や表現を簡単にすることができます。次のプロンプトで難易度を調整することが可能です。

```
# 命令書：
次の入力文を CEFR A1レベルの文章に書き換えてください。
# 入力文：
[ここに文章を入れる]
```

プロンプト

　難易度を指定するときは，CEFR（セファール）を使用します。CEFR とは，ヨーロッパ言語共通参照枠のことで，ヨーロッパで外国語の運用能力を評価するための国際基準です。この基準は英語教育の分野でも用いられています。
　このプロンプトを使うことで，例えば，英文のニュース記事を生徒に合ったレベルの文章に書き換えて教材にすることができます。

■ オーラルイントロダクションを作る

　また，導入で使用できるオーラルイントロダクションを作ることも簡単です。これにより，生徒に本文の内容に興味をもたせることができるでしょう。プロンプトは次の通りです。

＃ 命令書：
あなたは優秀な英語教師です。
次の制約条件をもとに，入力文を読む前に生徒へ向けて行うオーラルイントロダクションを考えてください。
＃ 制約条件：
・CEFR A1レベルの英語を使うこと
・まずは入力文に関連する Yes/No で答えられる質問文をいくつか入れること
・その後，入力文に関連する疑問詞を使った簡単な質問文を入れること
・さらに入力文のトピックに関連して，話したくなるような身近で簡単な議論
　のテーマを考えること
＃ 入力文：
［ここに文章を入れる］

プロンプト

　このプロンプトでは，制約条件の中で，次の３つの質問を入れるように指示しています。

Yes/No で答えられる質問
５Ｗ１Ｈで答える質問
ディスカッションのテーマ

　Yes/No 疑問文でテンポよく進め，より具体的な質問，簡単な議論を通して生徒と対話することで，本文を読み進める準備を整えることができます。

語彙の例文を作成する

　語彙を指導する際には，例文の提示が不可欠です。次のプロンプトでは，指定した単語を使った例文を10個提案してくれます。

\# 命令書：

あなたは優秀な英語教師です。

次の制約条件と単語をもとに，例文を出力してください。

\# 制約条件：

・CEFR A1レベルの英語を使うこと

・10個例文を出力すること

\# 単語：

［ここに単語を入れる］

プロンプト

　このプロンプトは第1章で紹介した，Google スプレッドシートで ChatGPT の API を使う方法（pp.28-29）と組み合わせると，一度に多くの単語の例文を作成することができます。この他にも，指定された単語を全て使用して，1つの文章を作成することも可能です。

\# 命令書：

あなたは優秀な英語教師です。

次の制約条件と語群をもとに，例文を出力してください。

\# 制約条件：

・CEFR A1レベルの英語を使うこと

・語群の単語を全て使用した例文を作成すること

\# 語群：

［ここに単語を複数入れる］

プロンプト

内容理解を確認する問題を作る

ChatGPTを使うことで内容理解を確認する問題を作成することもできます。このプロンプトでは，TF問題と四択で内容理解を確認する問題を作成します。もちろん，文章で答えさせる問題も作成することができます。

命令書：
あなたは優秀な英語教師です。
次の入力文について内容理解を確認する問題を出力してください。
制約条件：
・正誤問題を5問作成すること
・さらに，四択で答えられる問題を5問作成すること
入力文：
[ここに本文を入れる]

プロンプト

作成した問題は先ほどのプロンプトを使って難易度を落とすということも可能です。またもう少し変えたいという場合は，その変えたい部分を明確に指定してもう一度質問し直すことで問題を作り直すことが可能です。

場合によっては，問題のヒントを作成するということも，生徒の学びに有効かもしれません。生徒が考えるきっかけとして活用できるようなヒントをワークシートに掲載できれば，より活発な学習活動につながります。

このように生徒のレベルに合わせて問題を作り変えたり，あるいはヒントという形で支援をしたりするといったことがChatGPTによって実現できます。実際に使ってみて，「イマイチだな」と感じたり，文章で答えさせる問題で答えが長くなりすぎたりとふさわしくない問題が出力されることもあります。やはり，ChatGPTの出力をそのまま使用するということはせず，しっかりと教師が問題を吟味して，作り変えるなどして活用をしていくべきでしょう。

英文を添削する

■ 文法だけでなく，内容面も添削できる

ChatGPT は，英文を添削する際も強力にサポートしてくれます。これまで教師が一から添削を行うと，返却までにかなりの時間がかかっていましたが，ChatGPT を使えば大幅に返却までの時間を短縮できます。さらに，ChatGPT は文法面だけでなく，内容面の添削も行うことができます。

ChatGPT 上で添削をする際は，右ページのプロンプトのように，表の形で出力するよう指示をすることで見やすくなります。この他にも，英文を評価して，1つ上のレベルの文章にしたときの修正案を提案してもらうこともできます。お手本の文章と見比べて，文章の構成や表現を学ぶことでライティングスキルの向上に繋げることができます。

実際の使用方法としては，Google フォームで生徒に英作文を提出させ，Google スプレッドシート上で添削を行うという使い方がおすすめです。Google Chrome の拡張機能（参考：pp.28-29）を使って，スプレッドシート上で GPT の API 通信を行うことで，40人分でも100人分でも一瞬で添削を行うことができます。

ここまで便利な面を見てきましたが，最終的に生徒へ添削結果を伝える際には，注意が必要です。実際に，私が使ってみたところ，ChatGPT のおかげで添削がかなり効率的に行える一方，直す必要がないところを指摘していたり，修正案が生徒にとって難しすぎたりと，出力内容をそのまま生徒に伝えると生徒が混乱しそうだなと感じることが何度もありました。生徒へ添削結果を提示する際には，必ず教員がチェックをするようにしましょう。

命令書：

あなたは優秀な英語教師です。

以下の制約条件を踏まえ，入力文の添削結果を出力してください。

制約条件：

・まずはじめに文法・語法のエラーを表の形で出力すること

・表の1行目は｜修正箇所｜修正案｜説明｜とすること

・入力文をCEFRに基づいてランク付けし，1つ上のCEFRのランクにしたときの修正した文章を表の下に提示すること

・最後に，入力文の内容について教師の立場から好意的なフィードバックを一文で返すこと

入力文：

[ここに添削したい英文を入れる]

プロンプト

Corrections:

修正箇所	修正案	説明

Revised sentence (CEFR Level B2):

Feedback:

出力文例

▶ ChatGPTを使った英語エッセイの採点の精度は？ ◀

　ChatGPTを英文の添削に使用する方法を紹介しましたが、「ChatGPTを使った英語エッセイの自動採点の精度はどの程度なのか」という問いに対して、調査を行った研究を紹介します。

　この調査は関西大学の水本篤氏、オレゴン大学博士課程の江口政貴氏によって行われました。この調査では、TOEFL受験者12,110名のエッセイとそのエッセイに対する評価が3段階（Low, Medium, High）でなされているデータセットが使用されています。これらのエッセイに対して、IELTSのルーブリック評価表を元に、GPTにエッセイを0〜9の10段階で評価させ、3段階の評価と比較を行っています。

　ちなみに、この研究で使用されたGPTのモデルは、ChatGPTのベースとなったtext-davinci-003です。そのため、後に公開されたGPT-3.5 turboやGPT-4を使用するとさらに精度が高い可能性があります。

　調査の結果、右の図のような点数分布となっています。縦軸がTOEFLによってあらかじめなされている（人間が評価した）3段階のグループ分け、横軸がGPTによる点数を表しています。この図を見ると、縦軸のLow, Medium, Highのグループ分けと合うように、ある程度GPTが点数付けをできていることが読み取れます。一方で、Lowグループのエッセイに7, 8のスコアがついていたり、Highグループのエ

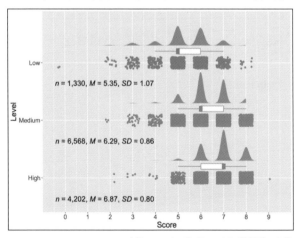

Mizumoto & Eguchi（2023）より

ッセイに2〜4のスコアが付けられていたりもしています。

　これらの結果から，水本氏らは，ChatGPT がある程度の精度で自動採点できるとしています。また，人間がエッセイの評価を行う際の課題を解消する可能性や，実際の教室に合わせてカスタマイズされたフィードバックの可能性についても期待を示しています。

人間がエッセイの評価を行う際の課題
・疲労
・主観性
・一貫性の欠如
・時間がかかる
・多くの労力が必要

Hussein et al.（2019），Mizumoto & Eguchi（2023）より

　一方で，この研究の結果から，GPT による評価は「人間の評価者との完全な一致には至っていない」と評価しており，使用する際は人間の評価と併用すべきだと指摘しています。その上で，「GPT を使用した AES（自動エッセイ採点）は支援ツールとしての役割しか果たせず，人間の評価者や教室の教師を置き換えることはできない」と述べています。

【参考文献】
・Mizumoto, A., & Eguchi, M. (2023). Exploring the potential of using an AI language model for automated essay scoring. *Research Methods in Applied Linguistics*, 2（2），100050.（https://doi.org/10.1016/j.rmal.2023.100050）
・Hussein, M.A., Hassan, H., & Nassef, M. (2019). Automated language essay scoring systems: a literature review. PeerJ Computer Science,. 5,e208.（http://doi.org/10.7717/peerj-cs.208）

第5章

··

校務で活用する
アイディア

アンケート結果を分析する

▮ 自由記述のアンケートも一瞬で要約できる

　GIGA スクール構想が実施されて以来，Google フォームなどのツールを使って，アンケートを実施する学校がほとんどです。手作業で集計していたときに比べて，格段に業務の効率化が進んだ分野です。

　しかし，数値で表せるような選択式の回答の集計は楽になりましたが，文章で回答してもらう自由記述の分析は，自動で行うことができず，これまであまり効率化されていませんでした。

　要約が得意な ChatGPT なら，この問題を解決することができます。例えば，自由記述の文章をプロンプトにコピー＆ペーストして，１つの文章にまとめてもらうことができます。私は普段，自由記述の回答をグループ分けして出力してもらう方法を使用しています。まずは，分析したい回答をそのまま全て選択して，コピーしましょう。その後，右ページのプロンプトの「分析対象データ」の欄へ貼り付けてください。

　このプロンプトでは，アンケート結果を KJ 法でまとめるように指示を出しています。KJ 法は，アイディア出しでよく用いられる手法で，①カード（付箋）にアイディアを書き出し，②アイディアをグループ化，その後，③グループ同士の関係性を整理し，④文章化するという分析方法です。この分析方法は，文化人類学者の川喜田二郎氏が著書で紹介したことがきっかけで広く知られることになりました。KJ は川喜田二郎氏のイニシャルから来ています。

命令書：
あなたは優秀な分析者です。
以下の制約条件，分析対象データをもとに，分析結果を出力してください。
制約条件：
・分析対象データを KJ 法でまとめること
・グループは6個までに収めること
分析対象データ：
[ここに分析したいアンケート結果を入れる]

プロンプト

分析対象データに基づいて，KJ 法でまとめた結果を出力します：

グループ1：歴史の授業の興味深さと教師の教え方
- 歴史の授業は興味深く，過去の出来事や人々の生活について学ぶことができる。
- 先生の教え方がわかりやすく，少しずつ歴史に興味をもてるようになった。

グループ2：古代の文明や戦争の話のおもしろさと関連性
- 古代の文明や戦争の話は映画やドラマにも登場し，実際の歴史の授業でより深く知ることができる。
- 古代の文明や戦争の話はおもしろく，学ぶことから楽しみを感じることができる。

グループ3：過去の教訓と未来への生かし方
- 歴史の授業では，過去の失敗や成功を学び，それを未来に生かすことの重要性を感じる。

… （以下略）…

出力文例

アンケート結果を分析する ChatGPT 以外のツール紹介

■ 単語の出現回数の計算は別のツールを使おう

　ChatGPT では意味に注目した分析を行うことができました。しかし，ChatGPT は計算が苦手なので，例えばどの単語が何回出てきたかを数えるような分析を行うことはできません。そこで，もう少し量的にアンケートを分析する際に便利なツールを紹介しておきたいと思います。

AI テキストマイニング by ユーザーローカル
https://textmining.userlocal.jp/

この「AI テキストマイニング by ユーザーローカル」は Web 上でテキストマイニングができるツールです。

　できることは幅広く，ワードクラウド，単語出現頻度，共起キーワード，2次元マップ，係り受け解析，階層的クラスタリングを行うことができます。

　このツールはブラウザ上で完結するので，管理者権限がなくソフトウェアをインストールしにくい学校のパソコンで使用するのに非常に便利です。

　もしソフトウェアをインストールできる場合は，立命館大学の樋口耕一氏が公開している KH Coder がおすすめです。

KH Coder

https://khcoder.net

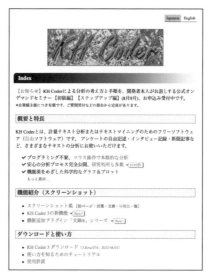

　この KH Coder も比較的簡単に頻出語，共起ネットワーク，自己組織化マップ，クラスター分析等を行うことができます。KH Coder を用いた研究事例リストは掲載数が6,000を超えており，研究の分野でも多く活用されています。

Excel の関数について勉強する

Excel ファイルにあるよくわからない関数

　校務分掌では，昨年度に使用していたファイルを書き換えて資料を作成することがよくあります。その Excel ファイルの中に，「よくわからない関数」が入っていることはないでしょうか。このようなときにも，ChatGPT が活用できます。Excel でわからない関数が入っているセルの内容をコピーして，以下のプロンプトを使用してみましょう。

次の Excel の関数について教えてください。
=IFERROR (INDEX (Week2!$E$1:$E$112, MATCH ($B2&$C2, Week2!$C$1:$C$112&Week2!$D$1:$D$112, 0)) ," データなし ")

プロンプト

このExcel の関数は，特定の条件に一致するデータを別のワークシートから検索し，エラーが発生した場合に特定のメッセージを表示するものです。具体的な部分を１つずつ見ていきましょう。
　1．INDEX (Week2!$E$1:$E$112, MATCH ($B2&$C2, Week2!$C$1:$C$112&Week2!$D$1:$D$112, 0))

INDEX 関数は，指定した範囲内から特定のセルの値を取得します。ここでは Week ２シートの E 列（行１から112）の範囲が指定されています。

… （以下略）…

出力文例

良い関数がないか聞いてみよう

「あの関数ってどうやって使うんだっけ？」というような場合でも，次のように質問するだけで，わかりやすく教えてくれます。

次の Excel の関数について初心者にもわかりやすく教えてください。
vlookup

プロンプト

説明を聞いてもわからない場合は，「もっと簡単に説明してください」「具体例を入れて説明してください」とわかるまで質問することで，サポートしてくれます。さらに，もっとざっくりと，「こういうことがしたい」ということを伝えるだけでも，効率化のための関数や機能を提案してくれます。例えば，以下のようなプロンプトを送った例を示します。

Excel で次の作業をする際に効率化する方法をわかりやすく教えてください。
苗字と名前が同じセルに入っているのですが，これを別々のセルに
分けたい。

プロンプト

Excel で名前と苗字が同じセルに入っている場合，それらを別々のセルに分けるために " データ " の " テキストを列に分割 " 機能を利用することができます。
以下に手順を説明します。
1．分割したいデータがある列を選択します。
2．メニューバーから " データ " タブを選択します。
3．" データ " タブの中から " テキストを列に分割 " を選択します。
… (以下略) …

出力文例

作業を自動化！
Excel や Word のマクロを作成する

■ VBA マクロってなに？

　「マクロ」とは，Microsoft Office 製品で行う一連の操作を 1 つにまとめたものを指します。マクロを作成することで，Excel や Word で繰り返し行う作業を自動化することができます。マクロは「VBA（Visual Basic for Applications）」というプログラミング言語を使用して作成します。

　「プログラミングなんてできない」と思われた方もいらっしゃるかもしれません。しかし，私たちには，ChatGPT があります。ChatGPT にお願いすれば，一瞬でプログラムのコードを書くことができるのです。

■ VBA マクロを試してみよう

　はじめに，マクロを体験してみましょう。今回は，簡単な例として，丸括弧「()」の中の文字を全て空白スペースに置き換えるという作業をマクロで行います。穴埋めプリントの生徒用を作成することを想定しています。

　丸括弧が含まれる文書を用意して，次のコードを使い，手順の通り，操作をしてみてください。

```
Sub ReplaceCharactersInParentheses()
    Dim rng As Range
    Set rng = ActiveDocument.Content

    With rng.Find
    .Text = " (*) "
```

```
        .Replacement.Text = "(        )"
        .Wrap = wdFindContinue
        .Format = False
        .MatchWildcards = True
        .Execute Replace:=wdReplaceAll
    End With
End Sub
```

今回使用する VBA のコード

①Word のホーム画面 オプション をクリック。

②「リボンのユーザー設定」で「開発」にチェックを入れて OK をクリック。

③「開発」タブの マクロ をクリック。

④「マクロ名」を適当に入れ，作成 をクリック（後でマクロ名は自動的に変わる）。

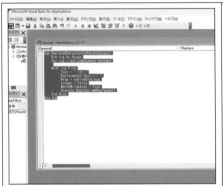

| ⑤「今回使用する VBA コード」を入力し，上書き保存。そして，VBA のウィンドウを閉じる。 | ⑥もう一度，「開発」タブの「マクロ」を開くと，先ほど入力したマクロが現れるので，実行をクリック。 |

VBA マクロを作成してもらおう

今回の穴埋め問題のプリントの解答から生徒用のプリントを作る作業は，次のような繰り返しです。

①丸括弧「(■▲●)」を探す
②その中の文字を，スペース「　」に置き換える
全ての丸括弧に対して，①②を繰り返す

このように，「繰り返し」の作業は，次のプロンプトで，コードを書いてもらうとかなり効率化することができます。「作業内容」の手順の一つひとつは，Word や Excel でできる操作（今回は検索，置換を使用）となっています。うまく組み合わせて，作業を自動化していきましょう。

命令書：

あなたは優秀なプログラマーです。

以下の制約条件と作業内容をもとに最高の出力をしてください。

制約条件：

・Word で動作する VBA マクロを作成すること

・コードを書いて作成すること

・VBA マクロをどこに入力すればいいかも丁寧に説明すること

作業内容：

①丸括弧「()」を探す

②その中の文字を，スペース「　」に置き換える

全ての丸括弧に対して，①②を繰り返す

プロンプト

マクロを Word で作成するためには以下の手順を行います：

1．Word を開き，表示タブをクリックします。

2．リボンからマクロを選択します。

…（以下略）…

ここで，VBA（Visual Basic for Applications）エディタが開きます。以下のマクロコードをエディタ内に貼り付けてください：

```
Sub ReplaceParentheses()
        Dim rng As Range
        Dim openParens As Long
        Dim closeParens As Long
        Set rng = ActiveDocument.Range
        With rng.Find
                …（以下略）…
```

出力文例

魅力的なタイトルを考える

■ キャッチコピーが興味をもってもらえるきっかけになる

　私は「総合的な探究の時間」や教科でプロジェクト学習を行う際に，その活動に魅力的なタイトルを付けたり，ロゴを作ったりすることがあります。このようにすることで，まずはその取り組みに関わる教員や生徒に，その学習活動に興味をもってもらうことができます。また，プリントに毎回掲載することで，今は何の取り組みをしているのかを明確にすることができたり，完成イメージを共有したりすることにも役立つと考えています。特に，「総合的な探究の時間」の取り組みでは，多くの教員と生徒が関わります。そのため，こうした工夫をしていくことが有効です。

　一方で，魅力的なタイトルを何もないところから考えるのは，かなり難しいです。そこで，ChatGPT に原案を出してもらいましょう。右ページのプロンプトの「学習活動」のところに，タイトルをつけたい学習活動を入れましょう。すると，出力文例のように案を出してくれます。ChatGPT を使うときのコツの1つとして，「無茶振り」をするというのがあります。同僚や生徒にタイトルを考えてもらうときに，「10個考えて！」なんてとても気軽にお願いできませんが，ChatGPT ならそれが可能です。これまでの人へのお願いの仕方に捉われず，使っていくことがポイントです。

　このプロンプトで出力された原案を組み合わせたり，自分の学校に関連する言葉を組み入れたりすることで，さらに魅力的なタイトルに仕上げることができます。10分ぐらいでかなり魅力的なタイトルが作れてしまうので，どんどん活用していきたいですね。

命令書：

あなたは優秀な教育者です。

以下の制約条件をもとに，学習活動のタイトルを提案してください。

制約条件：

・魅力的なタイトルをつけること

・副題をつけてよりわかりやすくすること

・10個提案すること

学習活動：

・学園祭でポイ捨てをなくすためにゴミ箱をデザインする取り組み

プロンプト

提案1：「未来を彩るデザイン力！　学園祭ゴミ箱アート」

副題：ゴミを美しく変える，デザインでポイ捨てをなくそう！

提案2：「環境保護の鍵はデザインにあり！　学園祭ゴミ箱プロジェクト」

副題：創造力で未来を守る，ゴミ箱デザインのチカラを学ぶ

提案3：「クリエイティブな手法でゴミ問題に挑戦！　学園祭ゴミ箱デザインワークショップ」

副題：デザイナー魂でゴミ問題を解決せよ！

提案4：「デザイン思考でゴミ箱を革新！　学園祭ポイ捨て撲滅プロジェクト」

副題：イノベーション力を身につけて，学園祭を美しく清潔に！

提案5：「アートで環境意識を広めよう！　学園祭ゴミ箱デザインチャレンジ」

…（以下略）…

出力文例

箇条書きから学級通信を作成する

情報を与えて文章を作成してもらう

　学級通信の作成は ChatGPT を使って効率化できるポイントがたくさんあります。まず，学級通信に掲載する文章について考えてみましょう。文章をいきなり ChatGPT にお願いして，全て書いてもらうこともできますが，それでは，現在のクラス・学校の状況がうまく伝えられないでしょう。文章を ChatGPT に書かせるときは，次のように，できるだけ情報を与えて出力させるようにしましょう。

＃ 命令書：
あなたは優秀な先生です。
以下の制約条件と入力文をもとに最高の生徒向け文章を出力してください。
＃ 制約条件：
・入力文の内容を文章にすること
・小学生（中学生）へ向けた文章にすること
・見出しをつけること
＃ 入力文：
[箇条書きで伝えたいことを入れる]

プロンプト

　この他にも，うまくまとまらない書いている途中の文章をプロンプトに入れるのもおすすめです。ChatGPT がうまく整えて，読みやすい文章に作り変えてくれます。

■ 文章だけじゃない！　ChatGPT が使えるところはまだまだある

ChatGPT は，文章の作成だけでなく，学級通信作成の次のような場面で活用することができます。

文章の作成以外に ChatGPT が活用できる場面
・チェックリストの作成
・アンケート結果の要約

学級通信では，チェックボックスを使用することで，持ち物や手順をわかりやすく伝えることができます。次のプロンプトで ChatGPT にチェックリストのたたき台を出力してもらうことで作業を効率化することができます。

＃ 命令書：
あなたは優秀な先生です。
以下の制約条件とイベントをもとに生徒向けのチェックリストを出力してください。
＃ 制約条件：
・イベントに必要と思われる持ち物を単語で出力すること
・それぞれの単語の前に，「□」を入れること
＃ イベント：
[ここにイベント名を入れる]

プロンプト

この他にも，保護者アンケートや，ある取り組みに対する生徒の感想などを要約して掲載する際にも役立ちます。こちらは，pp.80-81の「アンケート結果を分析する」のページをご覧ください。

メールの送受信を効率化する

話し言葉を丁寧な言葉に変換する

　ChatGPT は，文章を様々な形に変換することが得意です。例えば，話し言葉を書き言葉や敬語に変換することができます。

　右ページのプロンプトの「相手へ伝えたいメッセージ」を入力するだけで，変換することができます。学校名や相手の名前を補うだけで，丁寧なメール本文が完成します。毎回使うわけではありませんが，どう伝えるか迷ったときに，1つの選択肢としてもっておくのがおすすめです。悩んでいる間に文面が完成します。また，この機能に特化した「3秒敬語」という Web アプリも公開されています。

3秒敬語

https://3keigo.com

将来的には，ChatGPT のアプリを介さず，メールソフトからこのような変換ができる未来もそう遠くないでしょう。メールを送信する側は，この機能を使って，丁寧な言葉にして，受信する側もこの機能を使って簡潔な言葉に変換して読むという，少しおかしな世界になるかもしれませんね。

命令書：
私は学校の教師です。以下の制約条件と相手へ伝えたいメッセージを元に，メールの件名と本文を提案してください。
制約条件：
・相手の名前は○○様とすること
・自分の所属と名前は□□学校 □□とすること
・情報が不足している部分は，[ ]で必要な情報を明記すること
相手へ伝えたいメッセージ：
以前に伝えていた明日の13時からの打ち合わせよろしく

プロンプト

件名：打ち合わせのご連絡について

本文：
○○様
お世話になっております。□□学校の□□と申します。先日お伝えした通り，明日13時からの打ち合わせについて，ご確認いただきたくご連絡いたします。
以前にご案内いたしました通り，明日の13時から打ち合わせを予定しております。この打ち合わせは，[打ち合わせの目的や内容]に関するものとなります。[追加の情報や特記事項があれば，ここに記載してください。]
…（以下略）…

出力文例

音声認識 × ChatGPT
議事録を作成する

■ Word や Google ドキュメントで簡単に音声認識ができる

　ChatGPT を使って，会議の議事録を作成することも可能です。ChatGPT へデータを送信するために，まずは音声認識機能を使って，会話を文字起こしするところから始めましょう。ChatGPT を公開している OpenAI 社は Whisper という音声認識モデルも公開しています。しかし，使用方法が少し複雑なので，ここでは，Word や Google ドキュメントを使用します。Word には，「ディクテーション」「トランスクリプト」という機能がついています。ディクテーションをオンにすると，音声を認識して，文字に書き起こしてくれます。また，トランスクリプト機能では，録音した音声ファイルをアップロードすることで音声データをテキストデータにすることができます。Google ドキュメントでも，Word のディクテーションと同様の機能が「音声入力」という名前で用意されています。少人数の会議であれば，これらの音声認識機能をオンにしておくことで，発言を文字起こししていくことが可能です。

■ 音声認識 × ChatGPT

　音声認識機能で文字起こししたデータは,「えー」などのつなぎ言葉が入っていたり, 音声認識がうまくいっていない部分があったり, 句読点がなかったりと, そのまま使うには, ふさわしくないデータとなっています。下のプロンプトの1つ目は, 音声認識した文字を整えるためのプロンプト, 2つ目は, 要約をするためのプロンプトとなっています。

＃ 命令書:
次の制約条件に従って, 音声認識データをきれいに整えてください。
＃ 制約条件:
・不要なスペースを削除すること。
・適宜, 句読点を追加し読みやすくすること。
・文意がおかしなところは, 単語を補い, その部分を太字でわかりやすくすること。
＃ 音声認識データ:
[ここに文字起こししたデータをコピー＆ペーストする]

プロンプト (※ GPT-4でない場合,「太字」が反映されないことが多いです)

＃ 命令書:
以下の制約条件に従って, 音声認識データを箇条書きで整理してください。
＃ 制約条件:
・まず初めに議題を箇条書きで整理すること
・次に, 出てきた意見を箇条書きで整理すること
＃ 音声認識データ:
[ここに文字起こししたデータをコピー＆ペーストする]

プロンプト

音声認識 × ChatGPT
声で ChatGPT とやり取りする

■ 音声認識は意外と使える

　前項では，音声認識を使って，会議の議事録を作成する方法を紹介しました。音声認識の精度を上げるためには，パソコン内蔵のマイクではなく，より性能の高い外付けのマイクを用意したり，雑音が入らないように環境を整えたりすることが有効です。

　この音声認識は，意外と使えます。例えば，単純に手を動かさずに文章が書けるというのは，慣れるとかなり便利です。頭で考えながら，考えたことを口に出すだけで，文章をデータ化してくれます。手を動かさないことで考えることだけに集中することができるのです。本書もかなりの部分を音声認識を使用して書いています。

　この他にも，生徒から依頼された作文の添削でも，音声認識をよく使用します。私は基本的に，パソコン上で添削をして，データで返却をするようにしています。データで添削することにより，行間を変えることができるので，スペースを気にせずコメントを入れることができたり，コピー＆ペーストで文章を入れ替えたりするのが簡単にできます。生徒から紙で原稿をもらったら，音声認識をオンにして一度それを読み上げてデータ化しています。

　これまでは，音声認識でうまくいかなかった部分は手作業で直していたのですが，最後に ChatGPT に整えてもらうことで，より作業を効率化できることが多くなりそうです。

■ 声で ChatGPT に話しかける

　ChatGPT のアプリ版では，声で ChatGPT に話しかけることもできるようになりました。入力フィールドの波形マークをタップすることで，音声認識の画面が表示されます。後は話しかけるだけで，文字にしてくれます。

　パソコンで使用する場合でも，Windows や Mac に標準搭載されている音声入力機能を使うことで，同様のことができます。Windows では，テキスト入力フィールドで「Windows ロゴキー」＋「H」を押すことで，ディクテーションツールバーが開きます。Mac では，マイクキーを押すことで，音声入力ができるようになります。OS のバージョンによって，若干設定等が異なるので，以下の QR コードから公式の情報をご確認ください。

Mac でメッセージや書類を音声入力する
https://support.apple.com/ja-jp/guide/mac-help/mh40584/mac

タイピングではなく音声で PC に入力するために音声入力を使用する
https://support.microsoft.com/ja-jp/windows/ タイピングではなく音声で -pc- に入力するために音声入力を使用する-fec94565-c4bd-329d-e59a-af033fa5689f

　また，Chrome の拡張機能「Voice Control for ChatGPT」を使うと，ChatGPT の出力文も読み上げてくれます。これにより，ChatGPT と本当に話しているかのように会話することができます。

Voice Control for ChatGPT
https://chrome.google.com/webstore/detail/voice-control-for-ChatGPT/eollffkcakegifhacjnlnegohfdlidhn

文字認識 × ChatGPT
文字認識したテキストを修正する

■ スマホの OCR 機能の欠点を ChatGPT で補う

　最近のスマートフォンには，OCR（光学文字認識）機能が付いており，写真を撮るだけで，その写真に写っている文字をコピーして使用することができます。例えば，紙でもらったプリントを写真に撮るだけで簡単にデータ化して保存することが可能です。しかし，字が小さかったり，文章が長かったり，レイアウトが特殊だったりすると，認識がうまくいかないことも多いです。そんなとき，ChatGPT を使うことで，きれいな文章に修正することができます。プロンプトは次の通りです。

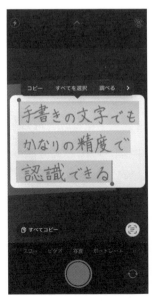

ここをタップすると
文字認識できる

以下の文章を次の手順で修正してください。
手順：
1．不要な改行のみ削除する
2．誤字を修正し，その部分は太字で出力する
3．「，」を「、」にする（必要に応じて）
修正する文章：
[ここに修正したい文章を貼り付ける]

プロンプト

　ChatGPT に修正をしてもらうと，まれに原文にはない文章を追加されていることがあります。そのため，修正箇所を明確にするため，「太字で出力する」よう指示を入れています（ただし，GPT-3.5ではうまく反映されないことも多いです）。

■ PDF をコピー＆ペーストしたときの「謎のスペースや改行」も消せる

　この方法は，学習指導要領などの PDF ファイルの文章をコピー＆ペーストするときにも活用できます。例えば，学習指導要領解説の総則の一部をコピー＆ペーストした文章を次のように修正してみましょう。

> 各学校においては，教育基本法及び学校教育法その他の法令並びにこの
> 章以下に示すところに従い，生
> 　徒の人…

↓改行と「，」を修正

> 各学校においては、教育基本法及び学校教育法その他の法令並びにこの
> 章以下に示すところに従い、生徒の人…

Word「差し込み印刷」×ChatGPT 個別最適化した文書を作成する

■ 差し込み印刷とは

　ChatGPT を使うことで，生徒が書いた文章を添削したり，ある文章の内容理解を測る問題を作成したりすることができます。例えば，40人の生徒であれば，40通りの添削の文面が作成されるわけですが，この一つひとつ異なる文面で，文書を作成するときに，Word の「差し込み印刷」機能が役に立ちます。

　差し込み印刷とは，自作した文書の一部に，データ（組・番号・名前・答案・コメントなど）を1行ずつ順に自動的に挿入して，一気に文書を作成する機能です。例えば，下のイラストでは，3人分のデータから，3種類の文書を一度に作成することができます。

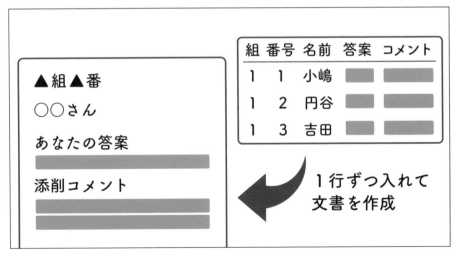

■ ChatGPT で差し込み印刷用のデータを作ろう

　差し込み印刷を行うためには，データが必要です。データは Excel で作成します。まず，新しい Excel ファイルを作成しましょう。そして，プリントに載せる情報の項目名を1行目（ヘッダー）に書き，それから1行ずつデータを追加していきましょう。差し込み印刷で使うデータは以下のようになっている必要があります。

差し込み印刷のデータを作るときのポイント
・1行目（ヘッダー）に項目名を入れる
・セルを結合しない
・必要な情報だけを入れる

差し込み印刷で使いやすい Excel データの例

組	番号	名前	答案	コメント

　ChatGPT では，このコメントの部分を作成します。少人数の添削であれば，ChatGPT 上で一つひとつデータを送信し，コメントを出力させて，Excel の表へ貼り付けていきましょう（プロンプトは pp.74-75 を参考にしてください）。また，一気に，処理をしたい場合は，pp.26-29 で紹介した API を活用する方法がおすすめです。

　ChatGPT でデータを作っていく際は，組，番号，名前等の個人情報を含むデータを送信しないように気をつけましょう。

作成したデータから差し込み印刷で個別プリントを作成する手順

①「差し込み文書」を選択，差し込み印刷の開始をクリック。

②ドロップダウンメニューから，差し込み印刷の種類を選択。基本は「レター」でOK。

③「宛先の選択」で既存のリストを使用をクリック。

④差し込む内容が書かれたExcelファイルを選択する。

⑤差し込みフィールドの挿入を選択。

⑥文章に入れるフィールド（項目）を1つずつ指定し，文書に挿入。

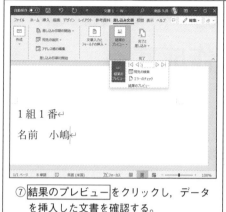

⑦ 結果のプレビュー をクリックし，データ を挿入した文書を確認する。

⑧ 完了と差し込み をクリックすると，「個々 のドキュメントの編集」や「文書の印刷」 ができる。

■ 差し込み印刷 × ChatGPT でできること

　ChatGPT は，瞬時にデータを作成することができるので，大量のデータを処理してプリントを作成できる差し込み印刷との相性は抜群です。

　今回は，生徒一人ひとりへ添削した結果を返すプリントを作成する例を紹介しましたが，この他にも，活用する方法はたくさんあります。

　例えば，ChatGPT を使って，教科書の本文や内容理解を確認する Q&A の難易度を変えて，3 種類（簡単・普通・難しい）作成して，そのデータを元に，差し込み印刷をすることで，3 パターンのプリントを作ることもできます。もちろん1枚作ることに比べると，手間はかかるのですが，ChatGPT がなかったこれまでと比べると，比較的簡単にパターン違いのプリントを作成することができます。生徒が自分に合ったプリントで演習ができると良いですよね。この他にも，毎単元，同じ手順で学習を進めているのであれば，ChatGPT を活用してデータを作成し，差し込み印刷することで，1年分のプリントを一気に作成することができるかもしれません。

Canva「一括作成」× ChatGPT スライドを一気に作成する

■ Canva でもデータから一度に複数の配布物が作れる

　Canva は，基本的に無料で使用できるデザインツールです。豊富なテンプレートやイラスト素材が用意されていて，誰でも簡単にデザインを楽しむことができます。最近は，教育現場でも注目されており，まとめの活動として共同編集でポスターを作成させたり，プレゼンテーションを作成させたりする活動もよく耳にします。

　そんな Canva にも，「一括作成」という機能があり，Word の「差し込み印刷」のように，データから効率よく文書などを作成することができます。Word の差し込み印刷との違いは，Canva は文書以外も作成できるということです。例えば，データからおしゃれなメッセージカードを作成したり，スライドを作成したりすることができます。特に，このスライドの作成が便利です。私は，英単語のデータから単語のフラッシュカードを一気に作成するのによく使用しています。作成したデータは PowerPoint のファイルとしてダウンロードすることもできるので，Canva の一括作成で大量に作って，手直しや校内での共有は PowerPoint のファイルで行うといった使い方もおすすめです。

　Canva の一括作成を活用するためには，元となるデータが必要ですが，ChatGPT を活用すれば，効率的にデータを作成することができます。例えば，小学校であれば，生徒全員の名前のデータと ChatGPT で作成した個別の文面を用意して，個々の生徒に対するオリジナルの認定書や賞状を作成するなんて使い方もできるでしょう。

■ STEP 1：アプリから「一括作成」を選択

デザイン作成画面で，アプリのタブを開いてください。その後，一括作成というボタンをクリックしましょう。

> **Canva「一括作成」の手順**
> ① データを追加する
> ② データと素材を紐づける
> ③ データを適用する

■ STEP 2：データを追加する

一括作成したいデータを Canva に読み込みます。2種類の方法が用意されています。まず データを手動で入力 をクリックすると，Canva上にデータの入力欄が表示されます。例えば，Excel ファイルを開いて，コピーをして，Canva 上に貼り付けることで入力することができます。この他にも，CSV をアップロード することもできます。Excel ファイルを 名前をつけて保存 するときに，ファイルの種類で「csv」を選択して保存することで，Canva に読み込める形式になります。

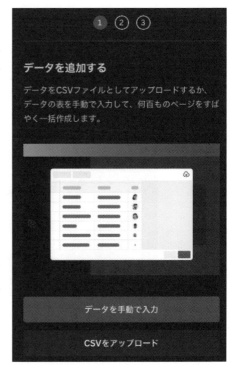

「データを手動で入力」する画面

STEP 3：データと素材を紐づける

　次に，作成したデザインの中で，データから文字を変えたい部分を右クリックし，データの接続をクリックします。すると，どのデータを紐づけるか選択できるので，紐づけたいデータを選択しましょう。

STEP 4：データを適用する

　最後に，「データを適用する」画面で，|ページを生成|をクリックするとデータの数だけ，デザインが作成されます。

第5章　校務で活用するアイディア

109

誤字・表記の揺れを確認する

■ GPT-3.5では誤字・表記の揺れのチェックはできない

　誤字や表記の揺れは，できるだけ他人に指摘される前に気付いておきたいところ。しかし，文章を書いた直後に読み直しても，なかなか間違いに気付くことってできませんよね。そこで，私はChatGPTに文章の校正をさせてみたのですが，意外にも，しっかりと校正を「してくれなかった」のです。

　今回は，本書第1章冒頭の「ChatGPTとは」の原稿に，あえて以下の4点，誤字や表記の揺れを入れて検証しました。今回は，GPT-3.5とGPT-4の差が顕著だったので，同じプロンプトを使用して比較しています。

追加した誤字や表記の揺れ	GPT-3.5	GPT-4
Chat GPT （1箇所だけ，ChatとGPTの間にスペースを入れた）	正しく指摘	正しく指摘
人間画家いた文章	正しく指摘	正しく指摘
GPT 3 （1箇所だけGPT-3のハイフンを削除した）	指摘せず	正しく指摘
無料で仕様する	指摘せず	正しく指摘

　表のように，GPT-3.5では，半分のミスにしか気付くことができていませんでした。また，今回使用したプロンプトは以下の通りだったのですが，何度試しても，表の形で出力をしてくれなかったり，なぜか修正が必要ないところを複数挙げてきたりと，かなりイマイチな結果となっていました。

```
# 命令書：
あなたは優秀な校閲者です。
以下の制約条件をもとに，入力文の誤字や表記の揺れを指摘してください。
# 制約条件：
・誤字脱字やタイプミスを全て指摘すること
・表記にばらつきがある場合は全て指摘すること
・表の形で出力すること
（例）｜誤字・表記の揺れの区別｜修正箇所｜修正後｜
# 入力文：
[ここに添削したい文章を入れる]
```

プロンプト

■ 誤字・表記の揺れのチェックには GPT- 4を使おう

　以上の結果から，文章の校正をする場合には，GPT- 4を使った方が良いでしょう。何度か試してみたのですが，出力結果も簡潔に表の形でまとめてくれているので，とても見やすくわかりやすい結果となっていました。

　もちろん，GPT- 4でも指摘漏れが全くないわけではありません。また，本文が長すぎる場合は，ChatGPT で送信することができません。そのため，例えば，表記の揺れを本全体や，数ページにわたって確認するといったこともできません。

　このような状況のため，やはり ChatGPT を過信しすぎず，「補助的に使う」ということを忘れずに利用していく必要があります。最終的な人間によるチェックもまだまだ必要です。

プロンプトの入力を省略する

まずは簡単なプロンプトで試してみる

　ここまで，本書では様々なプロンプトを紹介してきました。まず断っておきたいのですが，私は，これらプロンプトを毎回そのまま使用しているわけではありません。毎回，こんなにもかっちりとしたプロンプトを使用していては，ChatGPT の気軽に使えるというメリットが台無しです。まずは，簡潔に書いたプロンプトで試してみて，思うような出力が得られなかった場合のみ，本書で紹介したようなプロンプトを使うようにしています。

辞書登録で入力を省略する

　また，よく使うプロンプトというのも ChatGPT を使っていくうちに出てくるはずです。例えば，私は，ウェビングマップ（pp.34-35）や，モノローグをダイアローグへ変換する（pp.64-65），魅力的なタイトルを考える（pp.90-91）などのプロンプトをよく使用します。

　これらのプロンプトはすぐに出せるようにパソコンの辞書機能に登録しています。辞書機能に登録しておくことで，「うぇぶぷろんぷと」とタイピングして，変換するだけでウェビングマップのプロンプトを書くことができます。登録方法は，OS によって異なりますが，右ページでは，Windows と iPhone での登録方法を紹介しています。

　私は，プロンプトだけでなく，学校名・住所・電話番号や，打つのが少し面倒な言葉（例えば，「ChatGPT」）などもどんどん辞書に追加して，入力を簡単にできるようにしています。

Windows 11の場合

Windows 11以前の Windows でも操作方法はほぼ同じです。

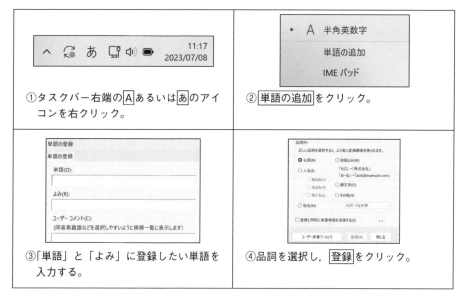

iPhone の場合

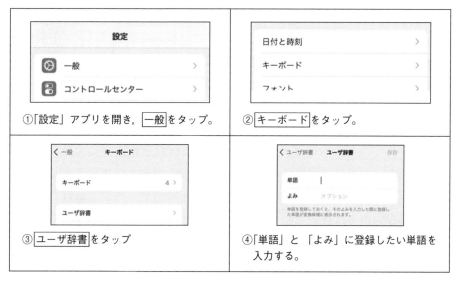

推薦文の原案を考える

■ 文例集はもういらないかも？

　私はまだ経験が浅く，高校３年生を受け持ったのは１回だけです。そのため，それほど推薦文を書いた経験があるわけではないのですが，当時，推薦文を書いていたときは，先輩の教員が書いた文章をたくさん参考にさせていただきながら，なんとか推薦文を書いていました。書きたいことはもちろんあるのですが，うまく文章にできなかったり，推薦文に相応しい文章にならなかったりとなかなか苦戦した思い出があります。また，英語教師ということもあり，英語の推薦文を頼まれるということもありました。

　ChatGPT が登場した今なら，この仕事ももう少し効率化できそうです。最近では，「学力の３要素」を踏まえた推薦文が求められることも多いです。この学力の３要素を踏まえた推薦文で，右ページのようなプロンプトを作ってみました。推薦文の段落構成や文言をもっと工夫したい場合には，制約条件を追加をしてください。

　推薦文を ChatGPT に書かせることについては，賛否両論あることは承知しています。個人的には，これまでも文例集や過去の推薦文の文言を使いながら書かれてきたという過去があるので，それが ChatGPT に代わっただけと考えたら，それほど問題はないのではないかと考えています。あくまでも文面の案として使用し，修正・加筆していくという使い方であれば，なおさら問題はないのではないでしょうか。とはいえ，実際に使用する場合は，学校内でコンセンサスを得ておいた方が良いでしょう。

＃ 命令書：

あなたは優秀な教師です。

以下の制約条件と生徒の特徴を踏まえ，推薦文を出力してください。

＃ 制約条件：

・300字程度で書くこと

・第一段落には，勉強面について基礎的なことについて書くこと

・第二段落には，勉強面における思考力・判断力・表現力について書くこと

・第三段落には，生活面における主体性・多様性・協働性について書くこと

・結びは「以上，人物・適性ともに相応しいと考え，推薦いたします」とすること

・生徒は「本生徒」と表記すること

＃ 生徒の特徴：

・授業に意欲的に取り組んでいる

・課題研究では，地域の祭りについて調査し，校内で発表した

・部活動ではキャプテンとしてチームをまとめた

プロンプト

推薦文の作成をいたします。

以下は，生徒の特徴と制約条件に基づいた推薦文です。

本生徒は勉強面において非常に基礎的な力を備えており，真摯な姿勢で学びに取り組んでいます。授業に対する意欲は常に高く，熱心に参加し，積極的な質問や議論を通じて自身の知識を深めています。…

さらに，勉強面における本生徒の思考力，判断力，および表現力は非常に優れています。本生徒は論理的思考を駆使し，情報を的確に分析し，…

以上，人物・適性ともに相応しいと考え，推薦いたします。

出力文例（※今回は GPT-4 を使用しています）

AI に絵を描いてもらう

■ 絵を描くのが苦手な教員の味方「画像生成 AI」

　本書は，「文章」生成 AI の活用方法について書いた本ですが，画像生成 AI についても少し触れておきたいと思います。画像生成 AI とは，その名の通り，入力したテキストから画像を作成してくれる AI のことです。欲しい画像の特徴を伝えるだけで，一瞬で画像を生成してくれるというメリットがある一方で，著作権の問題や，フェイクニュースで画像が使用されるという問題も抱えています。

　代表的な画像生成 AI として，次の３つが挙げられます。

代表的な画像生成 AI

①Canva「Text to Image」機能

https://www.canva.com/ja_jp/ai-image-generator/

②Midjourney

https://www.midjourney.com/home/?callbackUrl=%2Fapp%2F

③Adobe Firefly

https://www.adobe.com/jp/sensei/generative-ai/firefly.html

　この中で，人気が高いのが Midjourney です。しかし，Discord というチャットサービス上で動作する仕組みで，パソコンが苦手な方には少々とっつきにくい操作性，かつ，現在は無料では使用できません。一方で，一番簡単に使用することができるのが Canva の「Text to Image」機能です。

Canvaを使っている先生も多く，操作画面もわかりやすいため，まずは
ここから始めてみるのがおすすめです。

Canva「Text to Image」の使い方

1．「デザインを作成」から，編集画面を開く
  形式はDocでもプレゼンテーションでもなんでも構いません
2．サイドバーの アプリ をクリック
3．Text to Imageを選択

4．入力欄に作成したい画像を文章で入力して，スタイル，縦横比を選
  び イメージを作成 をクリック

Adobe FireflyはPhotoshopなどで使用することができます。また，一番
の特徴が著作権の問題をクリアしているという点です。Adobe Fireflyは，
著作権者がAIの学習に使用することを許諾したデータ，オープンライセン
スや著作権の切れた作品を使用しています。そのため，著作権の問題に最も
配慮されたAIとなっています。

▶ 採点支援ソフト「サイテンギリ N」を製作した話 ◀

素人でもソフトウェアが作れる時代が来た

　採点作業は教師の仕事の中で最も時間と労力を消費するものの１つです。私も日々その重荷に悩まされてきました。そんな苦痛から解放されるための良いツールがないかと探していたところ，職場の先輩からあるソフトウェアを紹介していただきました。そのソフトの名前は「採点斬り！！」。10年ほど前に，島森睦美氏によって作成されて以来，これまで多くの教師の役に立っていました。その後，「採点斬り！2021」といったソフトも開発されているのですが，もっと現代的な操作画面にしたい，自動文字認識機能を搭載したいと考え，私はこのソフトを新しく作り直そうと決意しました。名付けて，「サイテンギリ N」です。

　「採点斬り！！」の主な機能は，スキャンされた答案用紙をコンピューター上で採点することができるというものです。同じ問題の答案を複数並べて表示できるため，採点の効率化を図ることができます。私は，さらに操作画面をよりわかりやすく，見やすくすることや自動文字認識を組み込むことを目指して，「サイテンギリ N」の開発を行いました。

　プログラミング初心者の私にとって，ソフトの開発は決して簡単なものではありませんでした。しかし，私には優秀な助手がいました。それが，ChatGPT です。ChatGPT は，私が具体的なタスクを伝えると，それに対するプログラムのコードを生成してくれます。例えば，「画像を読み込んで配列に登録するコードを JavaScript で書いて」とお願いすると，それに対するコードをすぐに生成してくれました。現状，プロンプトに入れられる文字量の制限のため，一度にソフト全体のコードを生成してもらうことはできません。そのため，私は，ソフトの動作を一つひとつ分けて整理して，ChatGPT にコードを生成してもらいました。そして，その出力をうまく繋

ぎ合わせて1つのソフトへまとめていきました。

　もちろん，全てがスムーズに進んだわけではありません。エラーが発生した際には，そのエラー文をChatGPTに入力し，修正案を提案してもらいました。しかし，当時はGPT-4がまだ公開されておらず，GPT-3.5を使用して進めていきました。そのためか，提案された案が必ずしも問題を解決するわけではなく，結局はインターネット上で海外のサイトなども含め，複数のサイトで情報を探し出し，試行錯誤を繰り返していました。

　そのような工程に，だいたい1ヶ月ほどかけて，最終的に「サイテンギリN」ができあがってきました。苦戦はしましたが，プログラミング初心者がソフトを1つ作れたのは，まさしくChatGPTのおかげです。この経験を通じて，AIの力を借りることで，素人でもソフトウェアを開発することが可能であることを体感しました。教育現場の課題を解決するような新しいソフトを開発したい，けれどもプログラミングは初めてという人々にとって，1つの道しるべとなることを願っています。人間とAIが共に創造する新たな時代の幕開けです。

　なお，実際にソフトを使用してみると，答案の画質や枚数によって，かなり動作が重たくなることがあります。正直まだ完成したと言える段階ではありません。今後，ChatGPTは，GPT-4で入力できる文章量が格段に上がる32kトークンモデルをリリースすることが発表されています。これがリリースされて，私も少し落ち着いたら，修正に取りかかりたいと考えています。

【令和の採点斬り】「サイテンギリN」を配布します

https://note.com/hisaki_nambu/n/nc12c4d29f0ca

第6章

プラグイン機能を使ってみよう

プラグイン機能とは

■ 他のアプリと連携できるプラグイン機能が登場

　2023年5月12日に行われたアップデートにより，ChatGPT のプラグイン機能が使えるようになりました。このプラグイン機能を使うことで，ChatGPT とプラグインを提供している様々なアプリとを連携することができます。

　例えば，これまでの ChatGPT では，おすすめのレストランを聞いても抽象的な答えしか返ってきませんでした。しかし，「食べログ」のプラグインを使用することで，ChatGPT が「食べログ」に掲載されている情報をもとに返答してくれるようになるのです。

■ プラグイン機能の使い方

※注意：プラグイン機能を使用するには，有料版の ChatGPT Plus に加入している必要があります。

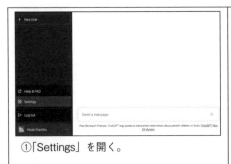

①「Settings」を開く。

②「Beta features」から「Plugins」をオンにする。

③GPT- 4 を選択し，Plugins Beta をク
リック。

④「No plugins enabled」を開き，Plugin
store をクリック。

⑤プラグインを検索して，「Install」

　本書では，次のプラグインについて紹介します。どれも，教師の仕事効率
化に役立つものです。まずはこれらのプラグインからダウンロードしてみて
はいかがでしょう。本書執筆時点（2023年7月）で，プラグイン機能は，ベ
ータ版として提供されています。そのため，応答に時間がかかったり，意図
した通りに動作しなかったりということが起こります。今後に期待しましょう。

本書で紹介するプラグイン
AskYourPDF
World News
WebPilot
Video Summary
Show Me Diagrams

AskYourPDF で難しい
PDF ファイルを一緒に読む

■ PDF について質問しよう

AskYourPDF というプラグインを使用すると，PDF ファイルをアップロードでき，そのファイルの内容について質問をすることができます。

①「AskYourPDF」をインストールして，プラグインを有効にする。

②「PDF をアップロード」と入力。すると，PDF をアップロードするためのリンクが表示される。

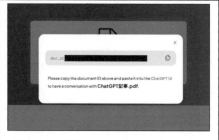

③リンクを開き，PDF をアップロードすると，ID が表示されるので，それをコピーする。

④プロンプトの最後に，コピーした ID を入力することで，PDF について質問することができる。

World News と WebPilot で 教材を作る

■ プラグインは組み合わせて使える

　World News というプラグインは，世界の最新ニュースの見出しと URL を取得することができます。このプラグインだけでは，記事本文まで取得することができないのですが，Web ページから情報を取得できる WebPilot というプライグインを組み合わせることで，ニュース記事の内容を取得することができます。記事を取得することができたら，ChatGPT が教材にしてくれます。

　使い方は簡単です。AskYourPDF と同様に，Plugin store から World News と WebPilot をインストールして，有効にします。後は，下の画像のようにプロンプトを送信するだけで，自動的に 2 つのプラグインが使用され，教材が作成されます。

　プラグインは 3 つまで同時に使用することができるので，他にも試してみると意外な使い方が発見できるかもしれません。

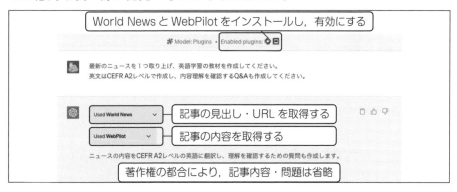

Video Summary で効率的に学ぶ

YouTube 動画の内容を要約してもらう

　Video Summary というプラグインは，YouTube 動画を要約することができます。講義や研修の YouTube 動画を文字で読めるようになるので，効率的に内容を把握するのに役立ちます。また，英語の動画であっても，日本語で要約を出力してくれるので，海外のプレゼン動画などでも使用することができます。

　使い方は簡単で，Video Summary をインストールして，プラグインを有効にしましょう。

後は，YouTube 動画の URL をコピー＆ペーストして送信するだけです。

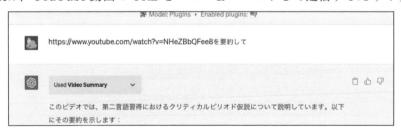

Show Me Diagrams で
図を作成する

■ フローチャートで情報を視覚化する

　Show Me Diagrams というプラグインを使うと，フローチャート等の図を作成することができます。他のプラグインと同様に，Plugin store から Show Me Diagrams をインストールするだけで使用することができます。作成後に表示されるリンク先で編集も可能なので，一度 ChatGPT に作ってもらって，それを修正するだけで，簡単に情報を視覚化することができます。

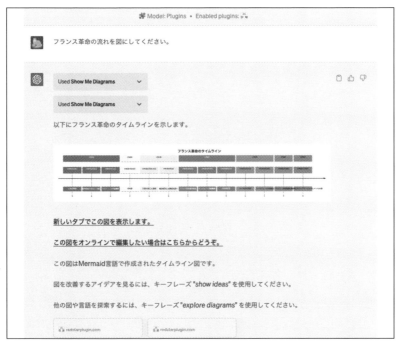

第 7 章

教師は生成 AI とどう向き合うか

教師は生成 AI とどう向き合うか

■ AI が当たり前の社会で生徒は働く－教育現場も AI を無視できない－

　ChatGPT が大きな注目を集めて以来，様々な企業や自治体から ChatGPT を活用していくことが表明されています。おそらくこれからも，こうした技術は進化し続け，できることが増えていき，導入する企業や自治体はますます増えていくことでしょう。また，ChatGPT だけでなく，画像生成 AI やその他のソフトウェアに埋め込まれた AI なども，ますます技術が向上し，広く使われていくことが予想されます。これからの社会は AI をどんどん活用していく方向に進んでいくのは間違いないでしょう。

　社会と教育現場は密接に結びついています。今，私たちが受け持っている児童生徒たちが卒業して社会に出る頃には，AI がいたるところで活用され，AI を使いこなせるかどうかで差がつくような未来になっているかもしれません。これから生徒が経験する社会がこのようになっていくと予想される以上，AI を無視したり，禁止したりすることを考えるよりも，どう活用していくかを考えていかなければならないはずです。

■ 文部科学省のガイドラインをチェックしよう

　2023年7月4日，文部科学省から『初等中等教育段階における生成 AI の利用に関する暫定的なガイドライン』（以下，ガイドライン）が公開されました。詳しくは下記の QR コードから全文を確認いただきたいのですが，本書でも一部取り上げたいと思います。

このガイドラインは，あくまでも参考資料として位置づけられています。
そのため，生成 AI の使用を「一律に禁止や義務づけを行う性質のものでは
ない」と明記されています。ChatGPT を禁止する動きも少なからずある中で，
文部科学省が生成 AI を禁止にしなかった理由が，第 3 項「生成 AI の教育
利用の方向性」で触れられています。

> 学習指導要領は，「情報活用能力」を学習の基盤となる資質・能力と位
> 置づけ，情報技術を学習や日常生活に活用できるようにすることの重要
> 性を強調している。このことを踏まえれば，新たな情報技術であり，多
> くの社会人が生産性の向上に活用している生成 AI が，どのような仕組
> みで動いているかという理解や，どのように学びに活かしていくかとい
> う視点，近い将来使いこなすための力を意識的に育てていく姿勢は重要
> である。
>
> （ガイドライン p. 4）

　現行の学習指導要領において，情報活用能力は，言語能力や問題発見・解
決能力と並んで「学習の基盤となる資質・能力」と位置づけられています。
そして，この情報活用能力は，情報の科目だけでなく，全教育課程で育成し
ていくものであるとされています。このように，学習指導要領で重要視され
ている情報活用能力を育むという観点から，生成 AI について理解して，活
用して，使いこなす力をつけることが重要であるとされているのです。

■ いきなり飛びつきすぎるのは危険－まずは校務での活用から－

　一方で，同項では，生成 AI の懸念点についても述べられています。ここで触れられている懸念点は，どれも慎重に対処すべき課題です。生徒の情報活用能力がまだまだ未熟な段階で生成 AI を導入すれば，当然使いこなすことはできず，上記のような問題が生じるはずです。また，これは生徒だけでなく，教員にも同じことが言えるのではないでしょうか。

生成 AI の懸念点
1．個人情報の流出のリスク
2．著作権侵害のリスク
3．偽情報の拡散
4．批判的思考力や創造性，学習意欲への影響
5．児童生徒の発達の段階を考慮する必要性
　（各種サービスの利用規約で年齢制限や保護者同意が課されている）

（ガイドライン p. 4 をもとに作成）

　私は，生徒に生成 AI を使わせる前に，まずは教員が自身の校務で生成 AI を活用していくのが良いと考えています。本書では，教師の仕事効率化という観点に限定して，教育現場で ChatGPT を活用するアイディアを紹介しました。私自身，ChatGPT がリリースされた当初は，ChatGPT がどこまでできるか，どのような返答をしてくるのか予想できず，手探りで使用していました。しかし，日々 ChatGPT を使っていく中で，今では自分の中で「この作業は ChatGPT に任せよう」というのがハッキリしてきています。

　前述のように，情報活用能力の 1 つとして，生成 AI を使いこなす力を育成することは，今後必ず必要になってきます。そのためには，まずは教師がこうした技術にアンテナを張り，試してみて，そして活用方法を見極めていくべきです。

その上で，少しずつ生徒に導入していくと良いでしょう。生徒の生成 AI の使用について，ガイドラインでは，「生成 AI を取り巻く懸念やリスクに十分な対策を講じることができる一部の学校」と「全ての学校」を区別して次のように記載されています。

1. 現時点では活用が有効な場面を検証しつつ，限定的な利用から始めることが適切である。生成 AI を取り巻く懸念やリスクに十分な対策を講じることができる一部の学校において，個人情報保護やセキュリティ，著作権等に十分に留意しつつ，パイロット的な取組を進め，成果・課題を十分に検証し，今後の更なる議論に資することが必要である。

2. その一方，学校外で使われる可能性を踏まえ，全ての学校で，情報の真偽を確かめること（いわゆるファクトチェック）の習慣付けも含め，情報活用能力を育む教育活動を一層充実させ，AI 時代に必要な資質・能力の向上を図る必要がある。

（ガイドライン p. 4）

　教員は，生徒や教員の情報活用能力などを総合的に判断して，生成 AI を生徒に使わせるかどうか判断をする必要があります。生徒に生成 AI を使わせるのは難しいという場合は，あせらずに着実に情報活用能力を育成していきましょう。

使用する上での注意点

　ガイドラインの第 3 項には，生成 AI の使用方法について，「適切でないと考えられる例」と「活用が考えられる例」が明記されています。

適切でないと考えられる例

1. 情報活用能力が未発達の段階で AI を自由に使わせること
2. 生成 AI の成果物を自分のものとして提出すること
3. 感性や独創性を求める場面で AI を使わせること
4. 調査の場面で，質の担保された教材（教科書）を使用する前に AI を使わせること
5. 教師の評価が必要な場面で AI を使わせること
6. テストで生徒に AI を使わせること
7. 教師が AI の出力のみで評価を行うこと
8. 教師が人間の教育指導を放棄し，AI に相談させること

活用が考えられる例

1. 生成 AI を情報モラル教育の教材として利用すること
2. 生徒が生成 AI について主体的に考え，議論すること
3. 議論やアイデアのまとめの過程で生成 AI を活用すること
4. 英会話の相手として生成 AI を活用すること
5. 自らの文章を生成 AI に修正させ，推敲する過程を経験させること
6. 高度なプログラミング学習で生成 AI を利用すること
7. 生成 AI を活用した問題解決能力の評価を行うこと

(ガイドライン p. 5 をもとに作成)

「生成 AI を取り巻く懸念やリスクに十分な対策を講じることができる一部の学校」において，実際に使用していく際には，これらの例を参考に，使用場面を一つひとつ検討する必要があります。なにより大切なのは，生徒にとってプラスに働くかどうかです。学習指導要領に示されている資質・能力の育成を阻害しないか，教育活動の目的の達成に効果的か否か，適正な評価を阻害しないかなどを議論する必要があります。

さらに，生成 AI 使用上の留意点について，ガイドラインの第4項「その他の重要な留意点」で，次の3点が挙げられています。

> **その他の重要な留意点**
> 1．個人情報やプライバシーに関する情報の保護の観点
> 2．教育情報セキュリティの観点
> 3．著作権保護の観点

本書 pp.14-15でも触れましたが，個人情報や機密情報は ChatGPT で入力しないということを徹底しなければなりません。

また，ChatGPT が出力する文章は，著作権を侵害する場合があります。基本的には，類似性（類似しているか）と依拠性（既存の著作物をもとにしたか）で著作権侵害と判断されるおそれがあります。著作権法第35条により，授業の範囲内であれば，既存の著作物と同一又は類似であったとしても使用が可能とされています。一方で，HP への掲載や外部コンテストへの出品の際には，著作権を侵害していないか確認をすることが必要です。

■ チェックリストで確認をしよう

以上の内容をまとめたチェックリストが，ガイドラインには掲載されています。学校で生徒の利用を検討する際には，ぜひご確認ください。

> **各学校で生成 AI を利用する際のチェックリスト**
> □生成 AI ツールの利用規約を遵守しているか（年齢制限・保護者同意を遵守しているか）
> ● ChatGPT（OpenAI 社）は13歳以上，18歳未満の場合は保護者同意が必要
> ● Bing Chat（Microsoft 社）は成年であること，未成年の場合は保護者

同意が必要

●Bard（Google 社）は18歳以上であることが必要

□事前に，生成 AI の性質やメリット・デメリット，情報の真偽を確かめるような使い方等に関する学習を実施しているか

□教育活動の目的を達成する上で効果的か否かで利用の適否を判断しているか

□個人情報やプライバシーに関する情報，機密情報を入力しないよう，十分な指導を行っているか

□著作権の侵害につながるような使い方をしないよう，十分な指導を行っているか

□生成 AI に全てを委ねるのではなく最後は自己の判断や考えが必要であることについて，十分な指導を行っているか

□ AI を利用した成果物については，AI を利用した旨や AI からの引用をしている旨を明示するよう，十分な指導を行っているか

□読書感想文などを長期休業中の課題として課す場合には，AI による生成物を自己の成果物として応募・提出することは不適切又は不正な行為であること，自分のためにならないことなどを十分に指導しているか。保護者に対しても，生成 AI の不適切な使用が行われないよう，周知・理解を得ているか

□保護者の経済的負担に十分に配慮して生成 AI ツールを選択しているか

未来を見据えた AI の活用－ AI がないとできない教育の実現－

　ここまで見てきたように，生成 AI には社会の在り方を変えるような可能性がある一方で，懸念点も多いというのが現状です。これらの懸念点を無視することはできません。しかし，そればかりを気にして，あるいは，それを理由として，教育の現場で一切扱わないというのは，これからの社会の動き

を踏まえると不自然に感じます。将来的には，教育の現場でも，一部の学校だけでなく，全ての学校で生成 AI を活用した教育活動が必要とされるのではないでしょうか。

　テクノロジーが授業にどの程度の影響を与えるかを示す尺度として，SAMR モデルが有名です。SAMR は，Substitution（代替），Augmentation（拡大），Modification（変形），Redefinition（再定義）の 4 つの段階から成り立っています。

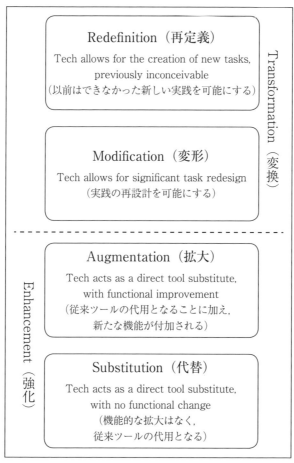

出典：Puentedura による，和訳は三井ら（2020）

これまでの一人一台端末の活用では，まずは紙とペンを置き換える Substitution（代替）から始めるというのが一般的でしたが，生成 AI を活用することで，一気に Modification（変形）や Redefinition（再定義）のレベルまでもっていくことができるでしょう。

私は，生成 AI には教育の未来を大きく変える可能性があると期待しています。しっかりと環境を整えた上で生徒へ生成 AI を使用させる教育活動が全国で広がりつつあります。これから数年かけて，生成 AI がなかった時代には成し得なかった教育を実現するために，その可能性を探究し続けていきたいものです。

■ AI 時代の教師の役割－ AI と現実世界の橋渡し－

本書では，ChatGPT の活用方法について，教師の仕事効率化という観点から取り上げてきました。しかし，私も実際に仕事で ChatGPT を活用していますが，ちょっと難しいことをしようとすると，出力がそのまま使えるというケースはあまり多くはありません。あくまでも「たたき台」としてしか使うことができないのです。これは，ChatGPT が出す出力と現実世界との間に，一定の乖離があるからです。AI の出力と現実世界を適切に結びつけていくのは，人間にしかできない作業です。教育現場で AI を活用していく際には，教師がこの AI と現実世界の橋渡し役を担っていくでしょう。

ChatGPT のような身近な AI が登場した以降の社会では，児童生徒に求められているものも変化していくことでしょう。令和3年に中央教育審議会から出された『「令和の日本型学校教育」の構築を目指して』の答申では，急激に変化する時代の中で育むべき資質・能力が次のように挙げられています。

一人一人の児童生徒が，自分のよさや可能性を認識するとともに，あらゆる他者を価値のある存在として尊重し，多様な人々と協働しながら

> 様々な社会的変化を乗り越え，豊かな人生を切り拓き，持続可能な社会
> の創り手となることができるよう，その資質・能力を育成すること

　私たちが児童生徒へ育成すべきものは，単なるペーパーテストで測定される知識だけではなく，他者と協働して持続可能な社会を築くための課題解決能力，新しい価値を生み出す力，協調性，社会性などであることが読み取れます。身近なAIの登場により，これらの資質・能力の重要性がより現実的なものとして，感じられるようになってきました。今後，AIの技術が進歩していくにつれ，徐々に人間の仕事がAIによって代替されていく一方で，これらの人間にしかない力の重要性は増していくことでしょう。

　教育現場でこれらの能力を育成するためには，詰め込み型の教育では不可能です。主体的・対話的で深い学びや体験活動を通して，児童生徒が本物に触れたり，仲間と感動を共有したりする活動が必要です。

　このような学習活動では，教科書に書かれた知識を，教科を超えて，現実世界と結びつけながら学ぶことができます。私たち教師には，児童生徒が学んでいる環境や，彼らの既有知識などを踏まえて，知識と現実世界を結びつけるような学習の場を提供することが求められていくでしょう。

　また，学習環境を整備するだけでなく，生徒の学びたいという気持ちに火をつけ，その熱意を維持していくことも人間の教師だからこそできることです。これを行うには，児童生徒一人ひとりの現状や表情を読み取り，柔軟に学習活動を支援していかなければなりません。これまでも「あの先生の授業でその科目が好きになった」という経験をしてきた児童生徒は多いでしょう。私も学生時代には，先生の豊富な知識やその科目への熱意に触れ，その科目を学ぶ意欲が湧いたという経験があります。このような体験をAIがもたらすことは難しいでしょう。このように，AIが登場した現在においても，人間の教師の仕事はAIで簡単に代替できるものではありません。AIができることは任せつつ，人間にしかできないことに力を入れていきたいものです。

▶ おわりに ◀

　実は，私は2022年11月から半年間，育休を取得していました。そう，ちょうど私の育休が始まった月末に ChatGPT がリリースされたのです。日中は生まれたばかりの娘の世話をして，寝かしつけが終わってからは，空がうっすら明るくなるまで ChatGPT とひたすら会話をする毎日でした。ChatGPT の限界を探るために，人間と話すよりも多くの時間を AI と会話していました。

　半年後，育休が明け，「きっと学校でも AI の話で話題は持ちきりだ」「様々な論争が巻き起こっているに違いない」，そう心を躍らせながら，私は学校へ向かいました。しかし，現実は異なっていました。この半年間，家とインターネット上でしかコミュニケーションをとってこなかった私は，世間とだいぶズレていたのです。学校での反応の多くは，「聞いたことはあるけど，使ったことはない」というものでした。

　この反応に少し面食らった私でしたが，この現実とのギャップが，本書を執筆する原動力となりました。私は，教育の現場で ChatGPT を使うことで何ができるのかを紹介したい，もっと多くの先生とこの技術の可能性への期待を共有したい，そう思うようになっていたのです。

　今回，本書の執筆を開始したのは，文部科学省が生成 AI についてのガイドラインを公表する前でした。そのような状況だったということもあり，生徒が利用する場面については触れず，教師の仕事での活用に限定して取り上げることにしました。しかし，現在はガイドラインが出たことで，しっかりと環境を整えることができれば，堂々と授業で使用することができるようになりました。ChatGPT を通じて生徒が新たな学びをどのように体験できるか，一緒に楽しみながら考えていきましょう。ただし，これは自戒も込めてですが，ChatGPT の使用を生徒に押し付けてはいけません。ChatGPT は数多ある選択肢の１つにすぎないのです。教師が ChatGPT の使用自体を目的

とするのではなく，生徒の学びにプラスになると考えられるときにだけ，生徒の学びを最大化するための手段として使用すれば良いのです。

　私は現在，「総合的な探究の時間」を担当しています。生徒たちは，地元の課題について自分なりに解決策をプレゼンしたり，地元のパン屋さんとコラボをして商品開発をしたり，地元の課題を解決するために地元の食材を使ったメニューの開発をしたりと非常に豊かな学びを経験しています。

　これらの活動においても，ChatGPT は活用できるでしょう。例えば，研究課題を設定するために，様々な視点からアイディアを出してもらったり，難しい文献を読むのを手伝ってもらったり，自分の書いた文章を批判的にレビューしてもらったり…。探究のサイクルの各段階で，生徒の学びを丁寧に支援してくれることでしょう。

　一方で，「総合的な探究の時間」の魅力の１つに，「人と人との関わり」が挙げられます。これは ChatGPT には代替不可能な部分です。生徒たちは，探究課題を掘り下げていくプロセスの中で，同級生や教師と議論を重ねたり，地域の方々や専門家など，多くの人々と出会って，対話したりしていきます。最終的に，予想以上の成果も生まれることがあります。この経験が，生徒の進路決定に直接結びつくということは少ないかもしれません。しかし，１つの課題について様々な人々と対話した経験は，少なくとも生徒の記憶に強く残っているはずです。そして，この経験は，社会に出てからも多くの場面でプラスに働くのではないでしょうか。私は，AI の動向にアンテナを張りつつも，こうした「人と人との関わり」の場をこれからも大切に残し，生徒が学べる環境を整える支援をしていきたいと考えています。

　さて，刊行に至るまで，明治図書の茅野現さん，江﨑夏生さんには大変お世話になりました。ここに記して御礼申し上げます。最後に，これまで私をあたたかく応援してくれた妻 典華，娘 玲実に心から感謝します。

南部　久貴

▶ 参考文献 ◀

Elon Musk [@elonmusk]. (2023,01.05). @pmarca It's a new world. Goodbye homework! [Tweet]. Twitter.
https://twitter.com/elonmusk/status/1610849544945950722 (参照日 2023.07.16)

Hu, K. (2023,02.02). ChatGPT sets record for fastest-growing user base-analyst note. REUTERS.
https://www.reuters.com/technology/chatgpt-sets-record-fastest-growing-user-base-analyst-note-2023-02-01/ (参照日 2023.07.16)

Hussein, M. A., Hassan, H., & Nassef, M. (2019). Automated language essay scoring systems: a literature review. *PeerJ Computer Science*, 5, e208.
https://doi.org/10.7717/peerj-cs.208

Mizumoto, A., & Eguchi, M. (2023). Exploring the potential of using an AI language model for automated essay scoring. *Research Methods in Applied Linguistics*, 2 (2), 100050.
https://doi.org/10.1016/j.rmal.2023.100050

note.(2023, 02.09). あなたの仕事が劇的に変わる⁉ ChatGPT 使いこなし最前線 [Video]. YouTube.
https://www.youtube.com/watch?v=ReoJcerYtuI (参照日 2023.07.16)

OpenAI. (n.d.). Pricing.
https://openai.com/pricing (参照日 2023.07.16)

OpenAI.（n.d.）. Terms of use.
https://openai.com/policies/terms-of-use（参照日 2023.07.16）

Puentedura, R. R.（n.d.）. Transformation, Technology, and Education.
http://hippasus.com/resources/tte/（参照日 2023.07.16）

黒上晴夫, 小島亜華里, & 泰山裕.（2012）. シンキングツール®～考えること
を教えたい～（短縮版）. NPO 法人学習創造フォーラム.
http://ks-lab.net/haruo/thinking_tool/（参照日 2023.07.16）

中央教育審議会.（2021）.「令和の日本型学校教育」の構築を目指して ～全
ての子供たちの可能性を引き出す, 個別最適な学びと, 協働的な学びの実現
～（答申）.
https://www.mext.go.jp/content/20210126-mxt_syoto02-000012321_2-4.pdf
（参照日 2023.07.16）

三井一希, 戸田真志, 松葉龍一, & 鈴木克明.（2020）. 小学校におけるタブ
レット端末を活用した授業実践の SAMR モデルを用いた分析. 教育システ
ム情報学会誌, 37（4）, 348–353.
https://doi.org/10.14926/jsise.37.348

文部科学省.（2023）. 初等中等教育段階における生成 AI の利用に関する暫
定的なガイドライン.
https://www.mext.go.jp/content/20230704-mxt_shuukyo02-000003278_003.
pdf（参照日 2023.07.16）

参考文献

【著者紹介】

南部　久貴（なんぶ　ひさき）

1994年滋賀県生まれ。

滋賀大学大学院教育学修士。2018年より滋賀県公立高校で英語科教諭として勤務。

ICT を活用した教育に関心があり、2022年度には、滋賀県の ICT コアティーチャーを勤めた。この他にも、「総合的な探究の時間」の担当として、地域と連携した探究活動の実践にも取り組んでいる。

※本書の内容は、あくまでも個人としての見解です。

ChatGPT ×教師の仕事

2023年12月初版第 1 刷刊　　©著　者　南　　部　　久　　貴
2024年 3 月初版第 2 刷刊　　発行者　藤　　原　　光　　政

発行所　明治図書出版株式会社
http://www.meijitosho.co.jp
（企画）茅野現・江﨑夏生（校正）江﨑夏生
〒114-0023　東京都北区滝野川7-46-1
振替00160-5-151318　電話03（5907）6702
ご注文窓口　電話03（5907）6668

＊検印省略　　　　　　組版所 株式会社プリント大阪

Printed in Japan　　　　　ISBN978-4-18-109226-9
もれなくクーポンがもらえる！読者アンケートはこちらから